강민주의

사계절 들밥

반찬

《강민주의 사계절 들밥 반찬》은 강민주 대표가 들밥에서 제공했거나 제공하고 있는 반찬 레시피다.
물론 매장에서 판매하고 있는 반찬도 있다. 이 책의 레시피는 식당의 조리팀을 위한 것이기 때문에
일반인들이 따라하기에는 조금 불친절할 수 있다.

강민주의 사계절 들밥 반찬

강민주 지음

나무
처럼

책을 추천하며

<강민주의 들밥>에서 식사를 하면 집에서 밥을 먹는 듯한 착각에 빠질 때가 있다. 어릴 적 엄마가 정성을 다해 만들어 주던 손맛이 함께 전해지며 마음까지 편안해진다. 이건 비단 나만의 느낌은 아닌 듯하다. <강민주의 들밥>을 방문했던 사람이라면 누구나 나와 같은 생각인지 <강민주의 들밥> 이천 본점은 물론 분점까지도 항상 문전성시다. 수많은 음식점이 코로나19로 매출이 급감했지만 <강민주의 들밥>은 오히려 매출이 서너 배 오르며 위기에 강한 모습을 보였다.

그러한 저력은 강민주 대표의 고객을 대하는 남다른 마음가짐과 음식에 대한 열정에서 기인한다. 강민주 대표는 인간미가 넘쳐난다. 베푸는 마음 역시 넉넉하다. 강민주 대표가 만드는 음식에는 정성이 가득하다. 음식을 만들 때는 신바람이 난 표정이 역력하다. 식재료를 대하는 마음도 프로페셔널하다. 평범한 식재료라도 강민주 대표의 손이 닿으면 새롭지만 익숙한 깊은 맛이 난다. 강민주 대표의 음식 사랑은 상상을 초월한다. 음식을 배울 수 있는 곳이라면 어디든 찾아가 배우는 열정이 대단하다. 그리고 그것을 자기 것으로 만드는 탁월함이 있다.

강민주 대표가 음식점을 운영하며 만들었던 반찬들 중 일부를 모아 책으로 출간한다고 추천사를 부탁했다. 생각할 필요 없이 바로 승낙했다. 강민주 대표를 누구보다 아끼고 사랑하기 때문이다. 그의 음식에 흠뻑 빠진 것도 중요한 이유이다. 강민주 대표가 평생 배우고 익힌 음식이 《강민주의 사계절 들밥 반찬》으로 세상에 선보인다니 내 일처럼 신이 난다. 강민주 대표의 탁월한 음식 솜씨는 물론 짧은 에세이를 통해 강민주 대표의 경영 마인드와 음식을 대하는 자세 등을 많은 이들이 공유할 수 있게 된 것 역시 매우 반가운 일이다. 이번에 출간하는 《강민주의 사계절 들밥 반찬》이 외식인들은 물론 많은 이들에게 기쁨과 행복을 선사할 것으로 믿는다.

2023년 6월
한국외식정보(주) 대표이사 박 형 희

책을 내겠다고 마음을 먹고 가지고 있던 레시피를 다시 들여다보고 이미 만들었던 메뉴들을 재현하면서 제법 오랜 기간 준비를 했다. 더불어 계절의 변화에 따른 <강민주의 들밥>에서 내는 반찬에 대한 평가, 식재료에 대한 새로운 시각, 조리법이나 양념에 대한 아이디어들을 점검하고 더할 수 있었던 매우 소중한 시간이었다.

음식점을 시작하면서 1년에 한 번은 전체 메뉴에 대한 종합적인 평가와 매출 기여도를 찬찬히 살펴보는 것을 목표로 했지만, 매장이 늘어나고 경영에 바쁘다는 이유로 거의 하지 못했다. 그러니 책 출간을 계기로 겸사겸사 매우 중요한 일정을 소화한 셈이다.

음식점 경영주라면 모두 공감하겠지만 정기적으로 반찬을 교체하고 새로운 반찬을 개발하는 것은 시간과 노력이 필요한데다 고객의 취향을 맞추는 것은 정말이지 쉽지 않은 과정이다. 잘 팔리는 반찬을 장기간 지속시키는 것이 경영상 더 안전할 수도 있다. 그러나 계절별로 한, 두 종류의 반찬이라도 바꿔서 변화와 새로움을 보여주면 고객의 만족도가 한층 더 높아지는 것 역시 부인할 수 없다.

이런 노력 덕분일까. 인심이 후한 고객들은 <강민주의 들밥>을 방문하고 나서 '인생 밥상'이라거나 '집밥의 여왕', '엄마의 밥상'이라고 말한다. 나에게는 최고의 찬사다. <강민주의 들밥>에 스며있는 특별함을 만들기 위해 재료와 조리법을 다양화하며 쉼 없이 노력한 공을 인정받는 것 같아 때때로 감동적이다. 우리 매장을 찾아온 고객에게 평범하지만 그리운 엄마의 밥상을 차려주고 싶은 나의 정성이 조금이나마 전해진 것 같아 마음이 더할 수 없이 따뜻해지기도 한다.

나는 음식을 할 때 '맛있는 음식이 건강한 음식'이고 '재료와 조리법이 천 개라도 맛의 기억은 낯설지 않게'를 모토로 삼고 있다. <강민주의 들밥>이 만들어가는 음식문화도 세상에 없는 혁신적이고 획기적인 것이 아니라 인생을 통틀어 가장 그립고, 가장 익숙한 '엄마의 밥상'을 그려가는 것이다. 그 밥상 이야기를 이 책에 옮기고 싶었다. <강민주의 들밥>

이 고객들의 찬사처럼 '인생 밥상'의 경지는 아닐 것이다. 다만, '엄마의 밥상'을 그리워하는 사람들에게 행복한 위안 정도가 된다면 그것만으로 나는 충분히 만족한다.

이 책은 많은 한식당 경영주들이 궁금해하는 <강민주의 들밥> 반찬 레시피를 기본으로 했다. 식당용 레시피이기 때문에 일반적인 가정용 레시피와는 사뭇 다르다. 그것이 나만의 비법이기도 하다. 몇몇 메뉴는 그동안 누구에게도 공개하지 않은 특급 조리법을 숨김없이 밝혔다. 외식업에 종사하는 경영주들이 이 책을 통해 메뉴 아이디어를 얻고 경영에 조금이나마 보탬이 됐으면 하는 바람이다. 그 덕분에 조금씩 잊혀져 가는 우리 밥상 문화가 더 오랜시간 한국의 음식문화 속에 기억될 수 있다면 그 역시 내게는 큰 보람일 것이다.

새해부터 본격적으로 책 작업을 시작했는데 어느새 봄을 지나 여름이 시작되고 있다. 그동안 마음속에 내 이름으로 책을 내고 싶다는 꿈이 있었지만 도저히 엄두를 내지 못할 때 옆에서 "충분히 할 수 있다"고 용기를 준 한국외식정보(주) 박형희 대표와 "강민주는 책 한번 낼 만하지"라며 기대를 해주는 지인들 덕분에 용기를 냈다.
어느 때보다 즐겁게 책 작업을 총괄해 준 육주희《월간식당》전 편집국장과 디자인과 진행을 해 준 홍주연 실장, 이종수 사진작가 그리고 반찬 시연에 도움을 준 <강민주의 들밥> 직원들에게 감사의 마음을 전한다.

마지막으로 세상 누구보다 예뻐하고 자랑스럽게 생각하시며, 건강한 신체와 정신을 물려주신 부모님께 이 책을 바친다.

2023년 6월 강민주의 들밥 본점에서

강민주

contents

봄

입맛 잃은 고객을 위한
산뜻한 반찬

여름

더위를 물리치고
기운을 북돋는 반찬

가을

풍부한 재료로 차리는
다채로운 반찬

겨울

추위를 이기는
따뜻하고 든든한 반찬

언제나

사계절 어느때나
익숙하면서 특별한 반찬

큰 며느리 절구질 서둘러
작은 며느리 부엌으로 들어가자
푸른 연기 모락모락 피어나고
주린 창자에선 우레 소리 울린다
들밥 기다릴 때는
호미 들 힘조차 안 남았네

광주리의 향기로운 보리밥
아욱국 달디 달아 숟갈에 매끄럽게 흐르네
어른 젊은이 차례로 둘러앉아
왁자지껄 밥 먹는 소리 요란하다
달게 포식하여 속이 든든하니
배를 북처럼 두드리고 그저 흡족해 할 뿐

- 조선초기 문장가 강희맹의《금양잡록(衿陽雜錄)》중에서 -

엄마의 마음과 정성으로 차린 따뜻한 밥상

내 또래라면 누구나 그렇겠지만 나는 정치, 경제, 사회, 문화적 변화가 매우 빠르게 진행
되는 시대를 거쳐왔다. 특히 음식, 외식 메뉴의 변화는 상상을 초월한다. 내가 10대까지만
해도 탕수육이나 돈까스, 햄버거 등과 같은 경양식 종류를 최고의 외식 메뉴로 꼽았고 굳
이 외식을 위해 한식집을 찾는 일은 매우 드물었다. 그러나 지금은 전 세계의 음식을 손쉽
게 먹을 수 있고, 마음만 먹으면 가까운 일본 등은 당일치기로 맛집을 방문해 먹을 수 있는
시대가 되었지만, 오히려 많은 사람들이 어머니가 해주셨던 소박하고 따뜻한 집밥에 대한
갈증을 느끼고 있다. 나 또한 그랬다. 나의 어머니는 밥과 국, 반찬이 있는 흔한 '집밥'을
해주신 적이 별로 없다. 집에는 항상 아버지를 찾는 손님들이 많았는데, 어머니는 된장찌
개, 나물과 같은 평범한 가정집 음식이 아니라 요릿집에서나 봄직한 음식을 내놓곤 하셨
다. 어릴 때는 잘 몰랐는데 결혼하고 아이를 키우면서 '엄마의 집밥'에 대한 아쉬움이 피
어나기 시작했다. 그러나 어머니의 한식 밥상은 그다지 기억이 나지 않았기에 나는 '나만
의 집밥'을 그려야겠다고 마음을 먹었다.

집밥이 그리운 사람들에게 건강하고 맛있게, 영양도 골고루 챙긴 엄마의 마음과 정성이
가득한 밥상, <강민주의 들밥>은 고객에게 그런 만족감, 그런 풍경을 함께 나누고 싶다는
생각을 써 나가고 있다.

한 장 한 장 스크랩해 만든 나만의 요리책

나의 외식업 입문은 뜻하지 않은 계기로 시작됐다. 젊은 시절 한때 절에 있는 공양간에서 일을 도왔었다. 이때 사찰음식을 배우면서 솜씨를 인정받았고, 사찰음식을 가르치던 분이 식당을 내보라고 권유한 것이 외식업과 나의 오랜 인연으로 이어졌다.

사찰음식을 할 때도 그랬지만 음식점을 하면서 머릿속이 온통 식재료와 조리법에 대한 생각으로 꽉 차 있었다. 처음 음식점을 시작할 당시에는 마땅히 요리를 배울만한 곳이 없고, 경제적인 상황도 여의치 않았으며, 요리책 역시 흔하게 출간되지 않던 시기였다. 당시 나의 스승은 은행이나 미용실, 약국 등에서 본 여성 및 생활 잡지에 실린 레시피였다.

레시피가 보이면 어디서건 양해를 구하고 오려다가 한 장 한 장 스크랩했다. 십 년 넘게 만든 레시피 북 안에는 수백 가지의 식재료와 조리법이 빼곡하다.

요즘에도 메인 메뉴나 반찬을 바꾸려면 낡고 군데군데 찢겨진 스크랩북을 넘겨보며 새로운 영감을 얻는 매우 소중한 보물이다. 사실 스크랩북에 나온 레시피대로 따라해도 결과가 만족스럽지 못한 경우가 대부분이다. 그렇기 때문에 스크랩북은 단지 참고사항일뿐 식재료의 선택, 전처리, 양념, 조리법 등을 <강민주의 들밥> 스타일로 바꾸기위해 수없이 반복 작업을 한다. '나만의 스타일'로 만들기 위해선 많은 시간과 노력, 그리고 시행착오가 필요하다. 이 책의 레시피에 메모 부분을 넣은 것 역시 나처럼 많은 사람들이 시간을 들여 자신만의 방법을 찾길 바라는 마음에서다.

계절의 맛을 전하기 위해 재래시장을 누비다

나는 메뉴를 고민하는 시간을 가장 사랑한다. 식재료를 찾아 재래시장을 누비고 조리법을 연구하고 전국의 식당을 찾아다니며 음식을 먹어보는 시간 말이다.

이른 봄이 찾아오면 나는 강원도로 내달린다. 정선, 영월, 그리고 근거리에 있는 충북 제천까지 오일장을 뒤지며 냉이, 달래, 씀바귀, 비름나물, 눈개승마 등 봄나물을 한가득 사서 삶고 데치고 볶고 무쳐서 식탁에 봄을 올린다. 눈개승마는 말린 식재료가 나오기 때문에 사계절 반찬으로 내고 있지만, 말리지 않은 신선한 눈개승마는 봄철에만 먹을 수 있는 귀한 식재료다. 그 짧은 시기를 놓칠 수 없기 때문에 봄을 찾아 강원도로 가는 것이다.

새로 추가한 메뉴나 반찬에 대한 고객의 반응과 품평을 듣는 시간 역시 더할 수 없이 소중한 시간이다. 실제로 고객들의 품평이 반찬을 개발하고 판매할 반찬의 품목을 결정하는 데 많은 참고가 되고 있다.

교육을 받으면 반드시 실행으로 옮기다

사람들은 나에게 식당을 몇 개씩이나 운영하고 모두 영업이 잘되니 성공했다며 입을 모아 말한다. 외식업 성공과 관련해 강의를 해달라는 요청도 종종 들어오는 것을 보면 외식업에 종사한 지난 25년을 허투루 보내지는 않았구나 싶어 나름의 보람을 느끼기도 한다. 사실 사람들이 이야기하는 강민주의 성공은 꾸준한 교육이 있었기에 가능했다. 외식업과 관련된 교육이라면 경영, 마케팅, 조리, 세무와 노무 등 가리지 않고 수강했고 국내외 벤치마킹과 탐방도 수없이 쫓아다녔다. 그리고 수강이나 벤치마킹을 하면서 알게 된 내용은 반드시 실행으로 옮겼다. 교육을 받는 날이면 가기 전부터 마음이 설레고, 교육을 받고 나면 새롭게 배운 내용을 접목하기 위해 곧장 매장으로 달려와 직접 해보고 실패하고 고민하고 다시 도전하는 과정을 반복해 결국 나의 것으로 만들어 냈다.

몇 년 전 외식업 종합전문잡지《월간식당》에 1년 동안 나의 반찬 레시피를 공개한 적이 있는데, 당시 많은 경영주들로부터 직접 가르쳐달라는 요청이 빗발쳤다. 그렇게 배워간 레시피가 빛을 발했다며 감사의 인사를 들을 때면 더할 수 없는 자부심이 들기도 했다. 결국 교육은 받는 것보다 그것을 바로 실행에 옮겨 나의 것으로 만드는 것이 중요하다.

'집밥의 여왕'이라는 타이틀이 주는 책임감

영광스럽게도 2016년 TV프로그램 '생활의 달인'에 제육볶음 비법을 소개하면서 '집밥의 여왕'이라는 타이틀을 갖게 됐다. 제육볶음이 메인이었지만 아마 반찬 때문에 붙여진 수식어가 아닐까 생각한다. 한국인의 밥상은 밥, 국, 반찬으로 구성된다. 반찬의 가짓수에 따라 3첩, 5첩, 7첩, 9첩, 12첩 등으로 분류되는데 <강민주의 들밥>은 밥, 국, 김치, 메인요리를 제외하면 7첩 정도는 되지 않을까.

사실 반찬은 가장 흔하게 식탁에 오르내리지만 주부들은 매일 반찬 때문에 고민하고 어려워한다. 밥상의 조연이지만 어떻게 요리하느냐에 따라 그 존재감이 달라지기 때문이다. <강민주의 들밥>에 밥을 먹으러 왔다가 빈손으로 가는 고객들은 거의 없다. 대부분 반찬을 사서 가는데, 그날 저녁 고객의 집 식탁에 우리 반찬이 오른다고 생각하면 '집밥의 여왕'이라는 이름이 더 무겁게 다가온다.

아들, 손녀와 함께 대를 이어가다
<강민주의 들밥>을 이어가는 2대 아들 정원혁 대표와 함께 '2023 대한민국 국제요리&제과 경연대회'에 참가했다. 요즘은 아들에 이어 손녀 정지율까지 <강민주의 들밥>에 대한 관심이 높아 3대를 이어갈 기대감에 마음이 설렌다.

맛있는 시간을 보내고 싶을 때 생각나는 음식점

<강민주의 들밥> 음식은 산과 들, 바다가 내놓는 일상적이지만 좋은 품질의 식재료들을 장류와 한식 양념 중심으로 요리해 자극적이지 않고 계속 생각나는 맛이다.

코로나19를 거치면서 밀키트나 HMR 등 집에서 간단하게 먹을 수 있는 식품이 다양해졌지만 음식을 가장 맛있고 편리하게 그리고 행복하게 즐길 수 있는 곳은 역시 음식점이다. 원하는 메뉴를 고를 수 있고, 요리를 하거나 치우지 않아도 된다. 공간이 깔끔하고 멋스럽고 직원이 친절하면 만족감은 더 높고, 시간은 더할나위 없이 풍요로워진다. 음식점이 단순히 '먹는 곳'이 아닌 오감을 채워 주는 문화공간인 이유다.

<강민주의 들밥>이 보여주고 싶은 모습도 맛있는 음식을 먹고 싶을 때, 엄마의 집밥이 그리울 때, 좋은 사람들과 기억에 남는 시간을 보내고 싶을 때, 그냥 문득문득 아무 때나 생각나는 그런 음식점이다. 서울 근교에서 자연과 한 때를 즐길 수 있도록 매장 외부에 객장을 만들고, 마치 캠핑장처럼 야외에서 불고기를 볶는 모습을 보여주기도 한다. 방금 먹은 반찬을 사서 갈 수 있는 구성을 만든 것 역시 이런 이유다. 다양한 생각과 취향을 가진 고객들이 미각과 시각, 청각, 후각을 통해 온전히 <강민주의 들밥>을 맛보고 즐기고, 따뜻한 이야기로 채우며 잊고싶지 않은 순간을 만들어 갔으면 하는 바람이다.

간장게장
짜지 않고 알이 꽉 찬
간장게장은 말 그대로
'밥도둑'이다.

보리굴비
울금 우린 물에 담가
비린 맛을 제거하고 오븐에
2차례에 걸쳐 구운 후
먹기 좋게 뼈를 발라낸다.

돼지불고기
장작불에 직화로 구워
불 향이 가득한 돼지불고기는
고사리와 함께 제공해
음식궁합을 완성했다.

마음속으로 쑥 들어온 '인생 밥상'

<강민주의 들밥>의 가장 큰 자랑은 역시 음식이다. 그중에서도 계절을 담아 다양하게 차려 내는 반찬은 나의 자부심이고, 고객이 좋아하는 포인트다. 갓 지은 솥밥에 담백하게 끓인 청국장찌개, 연근, 더덕, 각종 나물, 부추, 열무김치, 감자조림, 장아찌 등 12가지 찬과 보리굴비, 간장게장, 돼지불고기를 더해 과하지도 부족하지도 않은 한 상이다.

많은 고객들이 SNS를 통해 "강민주의 들밥은 맛과 색이 화려하거나 요란하지 않지만 강렬하게 마음속으로 쑥 들어와 먹고 나면 '인생 밥상'에 비유될 만큼 특별한 경험으로 남는 곳"이라고 극찬해 준다. 감사함에 몸 둘 바를 모르겠지만, 그렇기에 찬 하나하나에 더 신경이 쓰이는 것도 사실이다. 반찬은 일정 주기별로 종류를 달리하고, 원물의 가격에 따라 대체 식재료를 사용하기도 한다. 같은 식재료라도 계절에 따라 요리법을 달리하고, 거래처가 제안하는 식재료로 반찬을 개발하는 등 고객에게 '새로움'을 주려고 노력한다. 반찬이 모든 고객의 기호를 만족시키는 것은 실제로 불가능에 가깝다. 그럼에도 나는 매번 고객의 만족을 이끌어 내는 일에 기꺼이 집중한다.

된장, 고추장, 간장 담그며 힐링하기
한식당을 운영하니 당연히 된장, 고추장, 간장은 잘 담글것이라고 생각하지만 사실 전통 장류는 최근들어 본격적으로 배우고 담그기 시작했다. 물 좋고 공기 좋은 곳에서 공부하며 장 담그는 시간은 나에게 힐링의 시간이다.

보리굴비 전국 1등 맛집

감히 단언하건데 <강민주의 들밥>이 보리굴비 맛과 판매량은 전국 1등이라고 말하고 싶다. 보리굴비를 메뉴로 내놓기 위해 연구 개발한 지 10년 만에 이룬 쾌거다. 사실 시작부터 성공을 거둔 건 아니다. 처음 메뉴를 개발해 손님상에 올릴 당시에는 '비리다, 짜다, 먹기 불편하다, 손 씻을 레몬수를 달라…' 말도 많고 탈도 많았다. 결국 잠정적으로 메뉴에서 내리고 어떻게 하면 보리굴비의 비린 맛을 제거하고 맛있게 만들 수 있을까 연구를 시작했다. 주변에서도 이렇게 하면 좋다, 저렇게 해봐라 훈수를 해줬다. 그러나 모두 실패였다.

이때 내가 선택한 방법은 보리굴비하면 기본적으로 어떻게 해야 한다는 틀을 과감히 깨고 고객 입장에서 보리굴비를 먹으며 느꼈던 불편함을 제거하는데 초점을 맞춰 나만의 레시피를 만드는 것이었다. 수없이 여러가지 시도를 하는 동안 개발 비용도 만만치 않았지만 결국 5년만에 방법을 찾아냈다. 울금가루는 비린 맛을 제거하는 것은 물론 부세로 만드는 보리굴비를 황금빛 빛깔로 물들여 시각적인 만족도를 높여줬다. 마지막으로 고객이 손쉽게 먹을 수 있도록 보리굴비 뼈를 발라 먹음직스러운 플레이팅으로 화룡점정을 찍었다.

보리굴비를 완성한 후 1년에 걸쳐 전국의 보리굴비 맛집을 찾아가 맛을 보며 비교한 결과 맛에 대해 확신이 들었고 그 확신은 고객들이 인정한 보리굴비 전국 1등 맛집이라는 현실이 되었다.

《포브스코리아》 선정
2022년, 한식 핫 플레이스 Top20

<강민주의 들밥>은 2022년 《포브스코리아》가 전국의 한식당을 대상으로 선정한 '한식 핫 플레이스 Top20'에 선정됐다. 데이터 분석기업 TDI와 협업해 2021년 네비게이션 정보 기반으로 가장 많이 방문한 한식당 가운데 18위에 오른 것이다. 가보정, 송추가마골, 나주곰탕 하얀집 등 전국의 내로라하는 맛집들과 함께 당당히 이름이 올랐다는 기쁨은 말할 수 없이 컸다. 그동안의 노력이 결코 헛되지 않았다는 칭찬 같았다.

실제로 우리 집은 11시에 오픈하는데 오픈과 동시에 주차장이 거의 만차가 된다. 대부분 서울에서 오는 손님들이다. 먼 길 마다하지 않고 찾아와 주는 고객들 덕분에 전국의 수많은 한식당 가운데에서 20위 내에 꼽힐 수 있었다고 생각하니 고객 한 사람 한 사람이 더욱 소중하게 느껴진다.

백반기행 허영만 화백도 반한 맛

2020년 9월 코로나19 여파가 한창이던 때 식객 허영만 화백이 촬영을 위해 <강민주의 들밥>을 찾았다. 보리굴비, 간장게장을 맛본 허 화백은 "그간 먹어본 정식 중 최고"라며 엄지손가락을 치켜 세웠다.

만드는 사람이 아니라 먹는 사람이 편하고 맛있는 음식

요리와 경영은 똑같이 창조의 분야다. 그러나 요리는 예술가적인 고집을, 경영은 합리적인 판단을 더 필요로 한다. 나는 요리를 하지만 동시에 경영을 한다. 고집과 합리적인 판단을 어떤 지점에서 적절하게 교차해야 할지 늘 고민해야 하는 이유다.

나를 포함해 많은 음식점 경영자들, 조리사들이 종종 범하는 오류가 있다. 바로 '내가 맛있는 것이 고객도 맛있다'고 판단하는 것이다. 냉철하게 사실을 이야기하면 그런 메뉴는 10개 중 2~3개에 불과하다. 그 2~3개조차 고객의 지속적인 주문으로 이어지는 경우는 많지 않다. 여러 차례의 시행착오를 겪으며 깨달은 것은 나의 예측과 고객의 취향이 딱 맞아떨어지는 것은 매우 특별한 경험이라는 것이다.

<강민주의 들밥> 메뉴는 나의 고집이 아니라 고객의 편리에 맞추려고 노력했다. 그러나 보리굴비는 나의 고집과 고객의 편리를 함께 추구한 메뉴다. 비린 맛을 잡기 위해 울금을 사용한 것이 나의 고집이고, 굴비를 내놓을 때 먹기 좋게 손질해 플레이팅한 것이 고객의 편리를 위한 것이다. 비린 맛을 고려하는 기준은 고객의 거주지나 입맛, 성향, 성격에 따라 다르다. 우리집 보리굴비 역시 어떤 고객은 비린 맛이 적다고 좋아하고, 어떤 고객은 먹기 편하다고 좋아한다. 고객은 한사람이 아니라 입맛과 성격과 취향이 다른 수많은 사람이라는 걸 매일매일 실감한다.

들밥 광주리와 엄마의 정성을 콘텐츠화 한 매장

표준국어대사전에 '들밥'은 '들일을 하다가 들에서 먹는 밥'이다. 고된 논밭 일로 배가 출출할 즈음, 머리에 새참을 이고 논두렁 사이를 아슬아슬하게 걸어오는 아주머니의 꽉 찬 들밥 광주리에는 소박하지만 정성으로 준비한 음식이 가득하다. 편하게 둘러앉아 들밥을 나눠 먹으며 일상을 나누는 사람들의 얼굴에는 만족감이 퍼진다. 밥상보, 주전자 등 매장 곳곳에는 들밥 광주리와 엄마의 정성을 모티브로 한 콘텐츠들이 다양하다. 오랜만에 만난 옛 친구들과, 모처럼 시간 낸 가족과 함께 먼 길을 달려와 기다림 끝에 맞이한 밥상을 달게 포식한 후 남는 기쁜 여운, <강민주의 들밥>은 그 경험을 고객에게 제공하고 싶다.

부가매출을 올리는 최고의 '치트키' 들밥 반찬

반찬에 많은 시간과 정성을 들이는 만큼 고객의 만족도가 높아 고맙고 감동적이지만, 때때로 인기가 높은 반찬 가운데 식재료 가격이 급등해 비용이 감당되지 않아 난처할 때도 있다. 그럴 땐 마지막까지 버텨보다가 식재료 비용이 경영에 부담이 될 정도로 치솟으면 비로소 새로운 반찬으로 대체하고 있다. 대체를 할 때는 기존 반찬보다 더 가치있게 메뉴를 개발해야 하는 것은 물론이다.

반찬의 종류는 계절별로 교체 주기가 있지만 고객이 환호하는 반찬을 내리는 일은 나에게도 매우 섭섭한 일이다. 고심 끝에 반찬을 따로 판매하고 있다. 처음에는 반찬을 판매하는 것에 대해 고객들의 거부감이 있을까 걱정스러웠지만 오히려 맛있게 먹은 반찬을 구매할 수 있어서 더 좋다는 호평이 잇달았다. 현재 <강민주의 들밥>에서는 반찬 판매에 따른 부가매출이 경영이나 고객 서비스 차원에서 이보다 더 좋을 수 없는 치트키다.

한 가지 재료로 다양한 조리법 적용해 메뉴 연구

<강민주의 들밥>은 계절을 담으려고 노력한다. 고객이 식탁에 펼쳐진 음식을 통해 계절의 변화를 함께 맛보게 하고 싶었다. 물론 제철에 나는 식재료가 가장 좋은 식재료인 이유도 당연히 있다. 그러나 대중식당에서 제철 식재료만으로 상차림을 차려낸다는 것은 보통 문제가 아니다. 식재료 가격이 너무 높아 수익을 내기 어려운 것이 현실이다.

요즘은 워낙 급속 냉동이나 건조 기술이 발달해 사계절 언제나 원하는 식재료를 사용할 수 있다. 식당은 일반 가정과는 달리 대량으로 구매를 해야하기 때문에 보통 전문 식재료상과 거래를 하는데, 이때 경영자의 식재료에 대한 식견과 조리방법이 매우 중요하다.

나는 새로운 식재료를 발견하면 그 한가지로 삶고 찌고 데치고 굽고 볶고 튀기고 무치는 등 모든 조리법을 동원해 메뉴를 개발한다. 또 기존에 사용하고 있는 흔한 식재료를 다른 방법으로 해석해 새로운 메뉴를 연구한다. 다만 모든 메뉴 개발의 기본은 쉽고 간편하게 하는 것이다. 이런 습관은 언제, 어떤 상황이 닥치더라도 의연하게 대처할 수 있는 경험치가 되었다. 내가 잘 사용하는 팁 한가지, 음식을 하고 남은 자투리도 허투루 하지 않고 잘게 다져 전을 구워 서비스로 제공하면 고객들은 저절로 팬이 된다.

내 트렁크에는 언제나 양념가방 하나와
프라이팬, 버너가 실려있다. 매장이나 집이 아닌
외부에서 갑작스럽게 요리를 해야 할 때를 대비한
기본 양념과 도구다. 교육이나 벤치마킹을 위해 지방에
가거나 여행지에서 새로운 식재료를 만나면 바로바로
음식을 할 수 있어 나의 최애템이다.

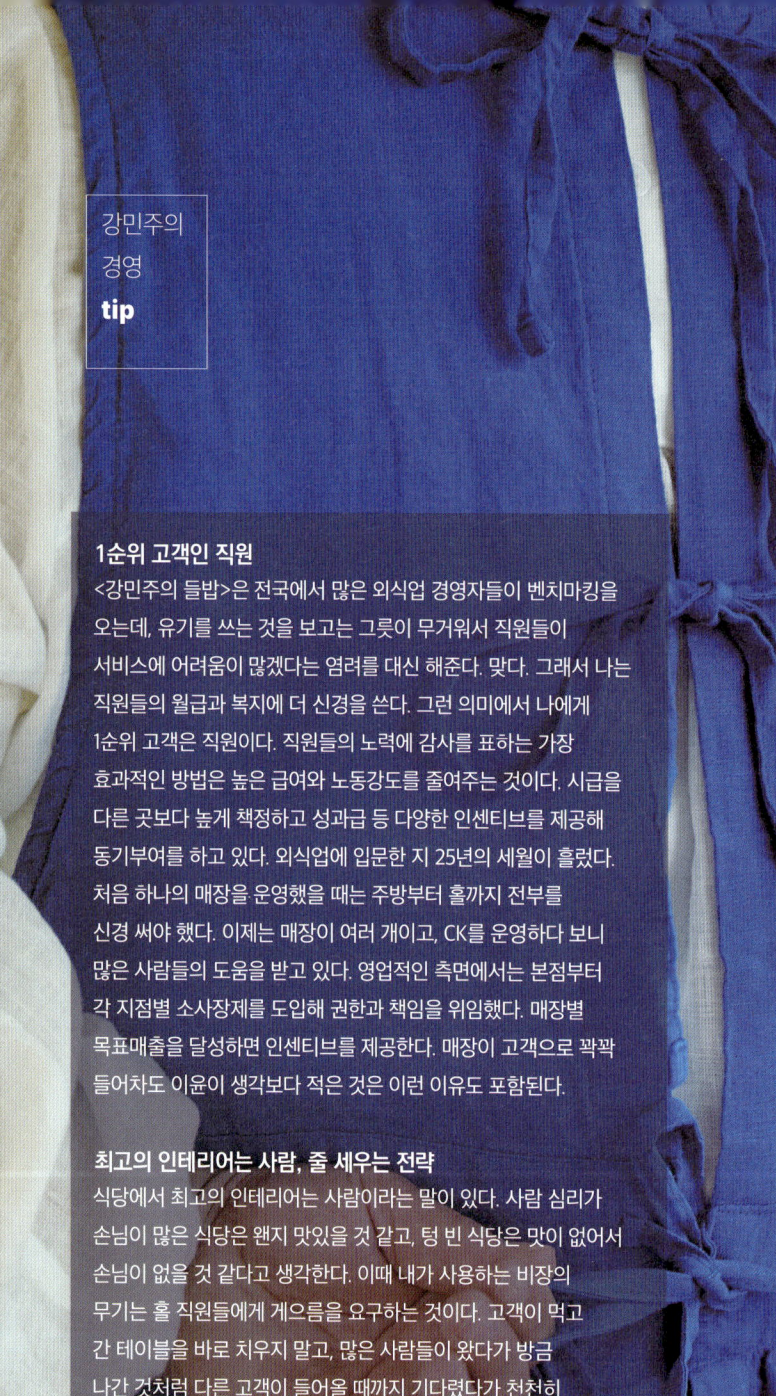

강민주의
경영
tip

1순위 고객인 직원

<강민주의 들밥>은 전국에서 많은 외식업 경영자들이 벤치마킹을
오는데, 유기를 쓰는 것을 보고는 그릇이 무거워서 직원들이
서비스에 어려움이 많겠다는 염려를 대신 해준다. 맞다. 그래서 나는
직원들의 월급과 복지에 더 신경을 쓴다. 그런 의미에서 나에게
1순위 고객은 직원이다. 직원들의 노력에 감사를 표하는 가장
효과적인 방법은 높은 급여와 노동강도를 줄여주는 것이다. 시급을
다른 곳보다 높게 책정하고 성과급 등 다양한 인센티브를 제공해
동기부여를 하고 있다. 외식업에 입문한 지 25년의 세월이 흘렀다.
처음 하나의 매장을 운영했을 때는 주방부터 홀까지 전부를
신경 써야 했다. 이제는 매장이 여러 개이고, CK를 운영하다 보니
많은 사람들의 도움을 받고 있다. 영업적인 측면에서는 본점부터
각 지점별 소사장제를 도입해 권한과 책임을 위임했다. 매장별
목표매출을 달성하면 인센티브를 제공한다. 매장이 고객으로 꽉꽉
들어차도 이윤이 생각보다 적은 것은 이런 이유도 포함된다.

최고의 인테리어는 사람, 줄 세우는 전략

식당에서 최고의 인테리어는 사람이라는 말이 있다. 사람 심리가
손님이 많은 식당은 왠지 맛있을 것 같고, 텅 빈 식당은 맛이 없어서
손님이 없을 것 같다고 생각한다. 이때 내가 사용하는 비장의
무기는 홀 직원들에게 게으름을 요구하는 것이다. 고객이 먹고
간 테이블을 바로 치우지 말고, 많은 사람들이 왔다가 방금
나간 것처럼 다른 고객이 들어올 때까지 기다렸다가 천천히
치우라고 한다. 또 한 가지는 만약 10개의 테이블을 놓을 수 있는
공간이라도 처음에는 6~7개의 테이블만 놓고 영업을 하다가 고객이
늘어나면 테이블 수를 늘리는 방법이다. 요즘은 SNS를 통해
'오픈런'을 하는 업소에 고객이 몰리는 시대다. 10개의 테이블을 놓고
만석을 채우기보다 6개의 테이블만 놓고 줄을 세우는 것이 더
효과적이다. 고객들은 줄서는 식당이 맛집이라고 생각하기 때문이다.

사장의 얼굴이 브랜드

나는 매장에서 고객과 소통하는 데 집중한다. 손발 맞는 유능한
직원들이 있어서 직접 서비스를 하는 일이 거의 없지만 고객 반응을
세심하게 살피고 적재적소에 필요한 서비스를 하는 일은 여전히
나의 가장 중요한 역할이다.

'사장의 얼굴이 곧 브랜드'라는 마음으로 아침 일찍 한복을 입거나
조리복으로 단장하고 고객을 맞이한다. 테이블 사이를 누비며
고객들과 눈인사와 스킨십을 나누고 단골고객을 챙기거나,
장맛비를 뚫고 방문한 고객에게는 특별서비스를 제공한다.
또 재방문을 유도하기 위해 3만원권, 5만원권 상품권을 만들어
기분좋게 선물하는 등 <강민주의 들밥>을 행복한 경험을
할 수 있는 공간으로 만드는 것이 나의 역할이다.

"더 가져다드릴까요?"와 "더 드세요"의 차이

음식점은 전적으로 서비스 비즈니스다. 많은 경영주들이
고객이 요청하기 전에 "더 가져다드릴까요?"라고 묻는 서비스를
최고로 간주한다. 그러나 나는 "더 드세요"하고 고객
테이블에 부족한 찬을 갖다준다. 물론 <강민주의 들밥>에는
셀프반찬대가 있다. 그런데 주인이 직접 고객의 테이블을 살펴보고
"더 드세요"라며 부족한 찬을 미리 내면 고객은 더욱 감동한다.
이제 모든 외식업소들의 음식 맛은 거의 평준화되었다. 거기에서
살아남기 위해 '고객감동'이라는 키워드가 반드시 필요하다.
<강민주의 들밥>의 고객감동 서비스는 점포 밖에서 시작된다.
더운 여름에는 대기고객을 위해 시원한 음료를 제공하고 기다리는
동안 지루하지 않도록 강냉이를 튀겨 놓고 마음껏 가져다 먹을 수
있도록 했다. 또 겨울에는 추위를 피할 수 있도록 간이 휴게실을
만들어 난로를 피워놓고 따뜻한 차를 마실 수 있도록 해 대기로 인한
고객 이탈이 없도록 신경을 쓰고 있다.

강민주의 들밥 반찬

이 책에 소개된 반찬들은 강민주의 들밥에서 이미 제공했거나 제공하는 메뉴들이다.
여러 음식점에서 일반적으로 내놓는 반찬들도 있지만 양념이나 조리법은 조금씩
다를 수 있다. 기본적인 조리법에 강민주의 아이디어와 방법이 더해졌기 때문이다.

레시피 계량

식당용 대용량 레시피이기 때문에 주재료 분량은 박스, 묶음 등 일반적으로 식당에서
식재료를 납품받는 기준으로 했다. 부재료는 적당량으로 하고, 냉면그릇(종이컵 8개
분량, 대접으로 표기), 종이컵, 밥숟가락을 기준으로 한다.

Simple is Best

요리는 더하기가 아니라 빼기다. 재료나 양념, 조리법을 가장 단순하게 정리하는 것도
음식점의 노하우다. <강민주의 들밥> 메뉴에는 마늘을 거의 넣지 않는다.
사찰음식의 영향을 받기도 했지만 마늘의 강한 향과 맛이 재료 본연의 맛을
가릴때가 많기 때문이다.

식재료에 대한 이해

나물이나 채소요리를 많이 낸다면 제철 식재료에 대해 충분한 이해가 있어야 한다.
맛과 향, 전처리 과정, 조리법과 음식의 궁합도 생각해 둬야 한다. 이 책의 레시피에
전처리 과정이 많이 생략된 것은 식당용 식재료는 대부분 전처리를 해서
들여오기 때문이다. 재료준비 과정은 복잡하고 많은 노동력을 필요로 한다.
재료의 전처리는 전문가의 손질에 맡겨두는 것 역시 경영의 노하우다.

대체 식재료

고기를 파는 고깃집은 무조건 파절이가 필요하다고 생각한다.
그러나 최근 대파가격 상승으로 '파테크'가 눈길을 끌었던 것처럼 식재료의 가격이
폭등할 때가 있다. 그럴때 파절이 대신 마늘쫑을 파절이처럼 활용해도 된다.(p.58참조)

제철 식재료

제철 식재료는 영양이 높고 고객에게 어필하기도 좋다. 그러나 가격이나 물량이
적정한 궤도에 오르기 전까지는 가격이 저렴하지 않다.
요즘처럼 냉동, 냉장, 건조 등 보관방법이 발달한 시대에는 물량이 많고 가격이
저렴할 때 급속냉동이나 건조했다가 제철이 시작되기 전에 테이블에 올려도 좋다.
때로 제철 식재료보다 사계절 사용할 수 있는 식재료가 더 유용하다.

식당에서 사용하는 양념류

대중음식점은 사용하는 양념의 양이 많고, 또 매번 똑같은 맛을 내야 하기 때문에 직접 담근 장류로 레시피를 만들기란 어려운 일이다. 직접 담근 장은 매년 그 맛이 다르기 때문에 일반적으로 시중에 판매되고 있는 시판 제품을 사용해 레시피를 만들어야 한결같은 맛을 낼 수 있다. <강민주의 들밥>도 마찬가지다.
대부분의 양념은 시판 제품을 사용하고 있고, 액젓 등 맛의 핵심인 일부 품목만 직접 담가 사용하고 있다. 집에서 만드는 반찬과 음식점에서 만드는 반찬은 재료 손질과 조리법이 다르다. 건강하고 조화로운 맛을 추구하는 것은 좋지만 양념을 너무 아껴서는 제맛이 나오지 않는다.

요리용과 반찬용

똑같은 식재료라도 음식점의 상황이나 식재료의 가격, 조리법에 따라 요리용과 반찬용으로 쓰임새가 달라질 수 있다. 튀김요리를 주메뉴로 하는 덴뿌라 전문점이면 깻잎은 튀김의 주재료로 메인메뉴가 될 수 있다.
그러나 일반 한식집에선 반찬용으로 사용하고 있다. 들밥의 북어양념구이는 처음엔 반찬으로 내놓았는데 손이 많이 가고 단가가 높아서 일품요리로 다시 개발했다.
음식점의 상황에 따라 반찬의 종류, 조리법, 식재료는 다양하게 변신해야 한다.

조리법의 교환

육류나 생선은 찜, 조림, 탕, 찌개, 국, 구이 등 다양한 요리법으로 테이블에 오른다.
반찬 역시 마찬가지다. 예를 들어 절임은 간장으로 해도 되고 소금으로 해도 된다.
무는 무채를 해도 되고, 볶아도 되고, 전을 부쳐도 된다. 일상의 흔한 식재료라도 다양한 조리법을 거쳐 새로운 요리로 재탄생한다.
재료나 조리법에 대한 편견이나 고집은 고객의 경험에 장애가 된다.

감미료

맛있는 식당 김치는 집에서 만드는 김치보다 맛있다. 대부분 사실이다.
설탕 대체 감미료인 뉴슈가나 신화당이 적당하게 들어가 있기 때문이다.

마법의 단맛

음식이 감칠맛 있게 맛있을 때 사람들은 맛이 달다고 한다.
대부분의 식당은 음식의 단맛을 설탕으로 끌어올리는 경우가 많다.
우리집의 경우는 시판용 배즙, 사과즙, 오렌지주스 등을 활용한다.
직접 과일을 갈아서 사용하는 것보다 편리하고 효율적이다.

기본재료 준비

대파, 청양고추, 홍고추, 청고추는 기본으로 들어가는 재료다.
미리 송송 썰어두고 사용하면 편리하다.

Spring

봄

입맛 잃은 고객을 위한

산뜻한 반찬

감자조림

감자는 잎채소가 많이 나는 봄부터 긴 장마로 채소값이 천정부지로 치솟는 여름까지
외식업소에서 없어서는 안될 식재료 중 하나다. 감자는 볶음, 조림, 찌개 등 다양한 요리에 활용할 수 있고,
가격이 비교적 안정적인 식재료에 속하기 때문에 비용 관리에도 효과적이다.

재료

감자 1㎏(작은 감자 약 20개)

양념

식용유 1/2컵
물엿 1컵
고추장 1큰술
국간장 3큰술
굵은 고춧가루 1큰술

만드는 방법

1 감자는 껍질을 벗겨 큰 감자는 4등분, 작은 감자는
   2등분 한다.

2 프라이팬에 자른 감자와 식용유, 물엿을 넣고
   센불에서 익힌다.

3 끓기 시작하면 중불로 줄여 감자에서 나오는
   수분이 없어질 때까지 계속 저어준다.

4 젓가락으로 찔러봤을 때 감자의 반 정도까지
   들어가면 약불로 줄인다.

5 약불 상태로 굵은 고춧가루, 고추장, 국간장을 넣어
   잘 섞고, 양념이 감자에 배일 때까지 조린다.

"감자조림을 할 때 모서리가 부서지지 않게 모양 그대로
유지하는 것이 우리집 감자조림의 비법이다. 대부분
먼저 물을 넣고 감자를 익힌 다음 양념을 넣고
마무리하는데, 들밥의 인기메뉴인 감자조림은 물을
넣지 않고 오직 식용유와 물엿만 넣고 익힌 다음
양념하는 것이 포인트다."

나만의 메모

감자채무침

감자로 가장 많이 하는 요리가 감자채 볶음이다. 손님들이 좋아하기 때문이다.
하지만 의외로 손이 많이 가고 기름을 많이 먹기 때문에 식으면 맛이 떨어진다.
그에 비해 감자채무침은 기름을 적게 사용하고 조리가 간단해
식어도 맛이 떨어질 염려가 없이 건강하고 맛있게 즐길 수 있는 반찬이다.

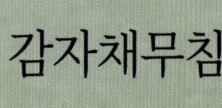

재료

감자 1㎏

부재료

영양부추 약간
쪽파 약간

양념

올리브유 5큰술
고춧가루 2큰술
마늘 1큰술
맛소금 1큰술
설탕 1작은술
참깨 1큰술
참기름 3큰술
액젓 약간

만드는 방법

1 감자는 껍질을 벗겨 채친다. 식당에서는 대량으로
준비해야 하기 때문에 가는 채칼로 채쳐서
사용하면 손쉽다.

2 끓는 물에 채친 감자를 넣고 투명해지도록 데친다.

3 감자를 체에 받혀 찬물에 헹궈 물기를 뺀다.

4 데친 감자에 양념 재료와 송송 썬 쪽파,
5㎝ 길이로 자른 영양부추를 모두 넣고 살살
버무린다. 간을 보고 부족한 간은 액젓을 조금
첨가해 맞춰도 좋다(영양부추는 없으면
안넣어도 된다).

> *Tip* 올리브유 대신 고추씨기름을 넣으면 색이 더 예쁘다.
> 상에 낼 때는 통깨를 솔솔 뿌려 낸다.

 "무가 바람이 들어서 맛이 없는 여름철 무생채를 대신해
감자채무침을 제공하면 손님들이 매우 좋아한다."

나만의 메모

고사리볶음

눈개승마볶음

재료

삶은 고사리 1kg
청양고추 5개
대파 썬 것 1컵

양념

식용유 3큰술
들기름 3큰술
국간장 3큰술
소주 3큰술
다시다 1큰술
깨소금 1/2컵
통깨 1큰술

만드는 방법

1 볶음 팬에 고사리를 넣고 분량의 양념을 넣어 버무린다.
2 불을 켜고 센불에서 볶아서 수분을 날린다.
3 고사리에서 김이 나기 시작하면 약불로 줄여서 청양고추와 대파를 넣고 15분 정도 은근하게 볶는다.
4 불을 끄고 통깨를 뿌려준다.

"나물은 수분이 없어야 맛이 있다. 단맛이 나는 맛술보다는 소주를 넣으면 냄새도 없애고 맛도 깔끔하다."

재료

눈개승마 1kg
청양고추 5개
대파 썬 것 1컵

양념

식용유 3큰술
들기름 3큰술
국간장 3큰술
소주 3큰술
다시다 1큰술
깨소금 1/2컵
통깨 1큰술

눈개승마 데치기

1 눈개승마는 찬물에 1시간 정도 담가 불린다.
2 불을 켜고 센불에서 끓인다.
3 끓으면 바로 불을 끄고 무르도록 그대로 둔다.
4 식으면 건져낸 후 찬물에 여러번 헹궈 체에 받쳐 물기를 뺀다.
5 만드는 방법은 고사리볶음과 같다.

곰취김치

곰취찜

재료

곰취 14 kg
보리밥 1 kg
청양고추, 홍고추 각 5개

양념

액젓 1/2컵
고추씨 1큰술
사이다 4컵 1/2
사과즙 3컵
소금 1큰술

만드는 방법

1 곰취를 손질해 깨끗이 씻는다.
2 보리밥은 곱게 갈아주고 청양고추와 홍고추는
  송송 썰어준다.
3 2에 양념 재료를 모두 넣고 섞어준다.
4 곰취 잎 사이사이에 양념을 고루 발라준다.
5 1~2시간 후에 먹는다.

재료

곰취 14 kg
보리밥 1 kg
청양고추, 홍고추 각 5개

양념

고춧가루 5컵
액젓 1컵
고추씨 1큰술
사이다 4컵 1/2
사과즙 3컵
소금 1큰술
통깨 1큰술

만드는 방법

1 위의 곰취김치 양념재료에 분량의 고춧가루를 섞어
  곰취찜 양념을 만든다.
2 양념을 곰취 잎 사이사이 골고루 바른다.
3 양념한 곰취잎을 김이 오른 찜기에 둘러담아 찐다.

"곰취의 쌉쌀한 맛을 줄이기 위해 시판 사과즙과
사이다를 넣는다. 고추씨를 넣으면 깔끔하게
매콤한 맛을 낼 수 있다."

마낫또샐러드

마의 끈적거리는 점액질 뮤신은 위를 보호하는데 효과가 탁월하다.
마는 가열하면 영양소가 파괴되므로 생으로 요리하는 샐러드로 활용하기에 좋다.
발효식품인 낫또를 곁들이면 한층

재료

마 500g
사과 1개
시판 낫또 4통(400g)
베이비 채소 약간

양념

매실액 1컵
통깨 1/2컵
시판 낫또 소스

만드는 방법

1 마는 깨끗이 씻어 껍질을 벗긴 후
  1cm 정도 두께로 어슷 썬다.

2 사과는 채 썬다.

3 커다란 볼에 마와 채 썬 사과, 낫또를 모두 넣는다.

4 낫또에 들어있는 소스와 매실액을 넣고
  골고루 섞는다.

5 마지막으로 통깨를 넣어 한번 더 고루 섞는다.

6 베이비 채소는 쉽게 무르고 숨이 죽기 때문에
  그릇에 담기 전 조금씩 넣어 슬쩍 버무리거나
  고명처럼 올려 낸다.

나만의 메모

마늘쫑겉절이

고깃집에 가면 천편일률적으로 파절이 무침과 마늘을 내어 준다.
마늘쫑겉절이는 파절이 무침과 마늘을 따로 내지 않아도 고기의 느끼함을 줄여준다.
기본을 만들어 놓으면 각종 채소와 해조류, 사과 등 식재료를 첨가해 변화를 줄 수 있다.
마늘쫑겉절이는 2~3일 지나면 짭조름한 장아찌처럼 먹을 수 있어 로스가 없다.

+ 치커리, 세발나물,
신선초

+ 적무

+ 꼬시래기,
곰피

+ 겨자, 뉴그린, 케일,
참나물 등 채소

재료

마늘쫑 5단

양념

간장·설탕·식초 각 10컵
굵은 고춧가루 1컵
고추씨 1컵
통깨 1컵

부재료

다양한 채소
곰피
꼬시래기
청고추
홍고추
적무

만드는 방법

1 마늘쫑은 깨끗이 씻어 파절단기로 길게 채썬 후
  적당한 크기로 자른다. 청고추와 홍고추도
  파절단기에 넣어 채썬다.
2 커다란 볼에 간장과 설탕, 식초를 1:1:1의 비율로
  잘 섞는다.
3 채썰어 놓은 마늘쫑에 간장과 설탕, 식초
  섞은 것을 자박하게 붓는다. 영업 시작하기 전에
  만들어 두면 점심시간부터 바로 사용할 수 있다.

> *Tip* 물을 넣지 않기 때문에 굳이 끓이지 않아도 된다.
> 필요할 때마다 즉석에서 만들어 사용할 수 있다.

4 손님상에 내기 전 굵은 고춧가루, 고추씨, 통깨를
  넣어 바로바로 버무린다.
5 그릇에 담은 후 채썬 붉은고추와 청고추를
  몇 개 올려 낸다.

 "겉절이를 할 때는 대궁이 가는 것보다 굵은 것이
활용도가 높다. 가늘게 채를 쳐서 사용하기 때문에
파절단기를 사용하는 것이 시간도 절약되고
일손도 줄일 수 있다."

마늘쫑멸치무침

마늘쫑은 볶음 또는 장아찌로 만들어 먹는데 가성비가 좋고 맛도 좋은 식재료다.
마늘쫑은 주로 새우나 멸치 등과 함께 볶음으로 많이 만들지만
볶음이 아닌 무침으로 해도 새롭다.

재료

마늘쫑 1단(1.3㎏)
굵은 멸치 200g

양념

고춧가루 3컵
고추장 1/2컵
까나리액젓 1/2컵
조청 3컵
청고추, 홍고추 각 5개
통깨 1컵

만드는 방법

1 마늘쫑은 5~6㎝ 길이로 잘라 끓는 물에 소금을 넣고 익힌다. 따로 볶지 않고 무치기 때문에 충분히 익히는 것이 좋다.

2 굵은 멸치는 머리와 내장을 제거해 삶아 건진 마늘쫑과 합친다.

3 청·홍고추는 다져 분량의 양념 재료에 넣고 양념장을 만든다.

4 2에 양념장을 넣고 고루 잘 섞는다.

 "마늘쫑을 볶지 않고 삶아서 사용하는 것이 포인트. 보통 마늘쫑 멸치볶음을 하면 마늘쫑은 무르고, 멸치는 딱딱해 식감이 조화롭지 않지만 양념장을 따로 만들어 조물조물 무치면 양념도 쏙쏙 배고 부드럽다."

나만의 메모

머위찜

머위는 약간 쓴맛과 특유의 향을 갖고 있으며 영양학상으로는 섬유질이 풍부해
콜레스테롤 제거에 효과적이다. 들깨와 궁합이 좋아 머위나물에 들깨즙을 넣고 조리하면
머위 맛이 부드러워지고 향미가 풍부해진다.

재료

머위 1kg
청양고추, 홍고추 각 5개

양념

들깨가루 1컵
맛소금 1큰술
들기름 3큰술

만드는 방법

1 머위는 찬물에 6시간 정도 담가 쓴 맛을 제거한다.
2 끓는 물에 소금을 넣고 머위 줄기가 아래쪽으로
  가도록 넣고 2분간 데친다.
3 데친 머위를 꺼내 찬물에 담갔다가 껍질을 벗긴다.
4 포크를 이용해 머위줄기를 가른 후
  먹기좋은 크기로 썬다.
5 팬에 머위를 넣고 분량의 양념을 넣어
  센불에서 양념이 배도록 볶는다.
6 청양고추를 송송 썰어 올린다.

나만의 메모

멸치청양고추비빔장

입맛이 없을때 멸치와 청양고추로 비빔장을 만들어 밥에 비벼먹는데 의외로 중독성이 있다.
직원들도 가끔씩 생각난다며 직원용 점심으로 만들어 달라는 요청이 많다.
비빔장이지만 깻잎에 발라서 찜을 해도 좋다.

재료

국물용 멸치 1㎏
청양고추 1㎏
양파 5개
대파 3컵
편마늘 1컵
청양고추, 홍고추 5개

양념

멸치액젓 1컵
새우젓 1컵
물 6컵

만드는 방법

1 멸치는 반을 갈라 내장을 제거한다.

2 양파는 다진다.

3 청양고추와 대파는 송송 썬다.

4 냄비에 멸치, 양파, 청양고추, 홍고추, 대파,
  편마늘과 양념, 물을 넣고 센불에서 끓인다.

5 끓으면 불을 줄여 약불에서 15분 정도 더 졸여준다.

나만의 메모

방풍나물볶음

풍을 예방한다고 하여 이름이 지어진 방풍나물은
특유의 향과 쌉싸름하면서 달콤한 맛을 가지고 있다.
삶아서 나물로 무쳐 먹지만
따뜻한 성질을 가지고 있어 생선, 조개 등
해산물과 먹으면 궁합이 좋다.

재료

방풍나물 700g

양념

식용유 3큰술
국간장 3큰술
깨소금 1큰술
청양고추, 홍고추 각 1개

만드는 방법

1 끓는 물에 소금을 넣고 방풍 줄기가 물러지도록
   푹 삶는다.

2 손으로 줄기를 눌러서 물러지면
   찬물에 헹궈 꼭 짠다.

3 삶은 방풍나물은 먹기 좋은 크기로 자르고
   위생장갑을 낀 손으로 비벼 준다. 특히 줄기 부분을
   눌러가면 비벼주면 식감이 부드러워 진다.

4 팬에 식용유를 두르고 국간장과 깨소금,
   다진 청고추, 홍고추를 넣어 볶아 준다. 깨소금을
   넉넉히 넣으면 나물에서 나오는 물기를 흡수해
   주는 효과도 있다.

> *Tip* 국간장과 까나리액젓을 반반씩 섞어서 사용해도 좋다.
> 국간장과 까나리액젓을 섞어 끓이면
> 손쉽게 맛간장을 만들 수 있다.

나만의 메모

봄동무침

봄을 가장 먼저 알리는 채소 중 하나다. 아삭한 식감은 겉절이로 알맞고,
데쳐서 무침으로 하거나 된장을 풀고 바지락을 넣어 국으로 끓여 먹어도 좋다.
넓적한 잎은 쌈용으로도 좋고, 배추전처럼 봄동전으로도 활용할 수 있다.

재료

봄동 1kg

양념

시판 쌈장 5큰술
고춧가루 2큰술
깨소금 3큰술
들기름 3큰술

만드는 방법

1 끓는 물에 소금을 넣고 손톱으로 눌렀을 때
  부드러울 때까지 삶는다.
2 손으로 줄기를 눌러서 물러지면 찬물에 헹궈
  물기를 꼭 짠다.
3 먹기좋은 크기로 잘라준다.
4 분량의 재료를 섞어 양념을 만든다.
5 봄동에 양념을 넣어 버무려준다.

Tip 시판 쌈장은 기본적인 양념과 간이 되어 있기 때문에
고춧가루, 참기름 등 몇 가지 재료만 추가하면
손쉽게 요리를 할 수 있다.

나만의 메모

쌈추김치

재료

쌈추 1kg
보리밥 1kg
청양고추, 홍고추 각 5개

양념

사과즙 3컵
액젓 1/2컵
고추씨 1큰술
사이다 4컵 1/2
소금 1큰술

만드는 방법

1 쌈추를 손질해 깨끗이 씻는다.
2 보리밥은 곱게 갈아준다.
3 청양고추와 홍고추에 사과즙을 넣고 거칠게
   갈아준다.
4 2와 3을 섞고 나머지 양념재료를 섞어
   양념장을 만든다.
5 쌈추 사이사이에 양념장을 고루 발라준다.
6 1~2시간 후에 먹는다.

> *Tip* 곰취김치 재료와 양념이 동일하기 때문에 한꺼번에
> 양념을 많이 만들어서 곰취김치, 쌈추김치 등
> 다양한 재료에 활용하면 수월하다.

나만의 메모

씀바귀머위무침

된장은 나물이나 국요리 등 다양한 요리에 활용도가 높은
기본 식재료다. 된장을 베이스로 양념을 만들어 놓으면
데친 나물을 무치거나 깻잎, 머위잎 등 다양한 잎채소에
켜켜이 발라 두고 밥반찬으로 먹기에 좋다.

재료

씀바귀 500g
머위 100g
청양고추 3개

양념

된장 1컵
초고추장 1/3컵
물엿 1/3컵
통깨 1큰술

만드는 방법

1 머위는 찬물에 6시간 정도 담가 쓴맛을 빼준다.

2 끓는 물에 소금을 넣고 머위 줄기가 냄비 바닥으로
 향하게 넣어 2분간 데친다. 씀바귀도 끓는 물에
 넣어 2분간 데친다.

3 데친 머위와 씀바귀는 찬물에 담가 헹군 후
 물기를 꼭 짜 2cm 길이로 썰어 둔다.

4 된장과 초고추장, 물엿, 통깨 등 분량의 양념 재료를
 한데 섞어 양념장을 만든다.

5 청양고추는 반을 갈라 씨를 빼고 잘게 다진다.

6 씀바귀, 머위, 청양고추를 볼에 담고 만들어 둔
 양념을 넣어 조물조물 무쳐 낸다.

"대중식당에서 사용하는 된장, 고추장, 간장은
직접 담근 것보다 시판용을 사용하면 맛도 좋고 편리하다.
직접 담근 장류는 담글 때 마다 맛이 다르고, 설탕을 넣어야
단맛이 나지만 시판용은 그 자체로 단맛과 감칠맛이 돈다.
초고추장도 시판용을 활용하면 손쉽고 편리하다."

우엉조림

1~3월이 제철인 우엉은 씹는 맛이 매력적인 뿌리채소로 당질의 일종인 이눌린이 풍부해
혈당 조절 및 콜레스테롤 배출 효과가 뛰어나다. 또 섬유질이 많아 다이어트에도 좋으며
조림, 찜, 샐러드, 튀김, 무침 등 여러 요리에 사용한다.

재료

우엉 1kg
청양고추 약간
통깨 약간

양념

물엿 1컵
식용유 1/2컵
진간장 1/2컵

만드는 방법

1 우엉은 껍질을 벗겨 어슷썬다.

2 프라이팬에 손질한 우엉을 넣고 분량의 식용유,
물엿, 진간장을 넣어 센불에서 끓인다. 이때 물엿과
식용유, 진간장이 한데 어우러지도록 저어준다.

3 우엉은 수분이 다 빠져 모두 날아갈 때까지
센불에서 계속 주걱으로 저어가며 조린다.

> **Tip** 우엉을 바싹 조리면 얇아지면서 윤기가 나고,
> 쫀득한 식감과 달콤짭조름한 맛이 날 뿐만 아니라
> 보관도 오래할 수 있다.

4 그릇에 담아 낼 때는 청양고추를 둥글게 썰어
고명으로 올리거나 통깨를 뿌려 낸다.

"우엉은 쌉싸름한 맛과 향이 좋아서 찬으로 많이 내놓는다.
보통 우엉조림은 물을 넣고 간장베이스에 장조림처럼
만들지만 나의 방법은 물을 전혀 넣지 않고 센불에서
한참 조리는 것이 포인트다."

우엉튀김

우엉튀김무침

재료

우엉 1kg
녹말가루 2컵
찹쌀가루 2컵
맛소금 1큰술
식용유 3컵

소스

간장 3큰술
고춧가루 3큰술
흑설탕 3큰술
황물엿 3큰술
깨소금 1큰술

만드는 방법

1 우엉은 껍질을 벗기고 연필 깎듯이 돌려가며 썬다.

2 보기 좋게 썬 우엉은 튀김가루가 잘 묻도록
물에 헹궈서 건져낸다.

3 녹말가루와 찹쌀가루, 맛소금을 섞는다.

4 우엉에 3을 묻힌다.

5 팬에 식용유를 붓고 온도를 180℃까지 올린다.

6 우엉을 기름에 넣고 노릇노릇하게 튀긴다.

7 분량의 재료를 섞어 소스를 만든다.

8 튀긴 우엉과 소스를 함께 낸다.

재료

튀긴 우엉 1kg
청양고추, 홍고추 각 5개

양념

고추장 1컵
진간장 1컵
고춧가루 1컵
매실액 1컵
통깨 2큰술

만드는 방법

1 우엉튀김과 같은 방식으로 튀겨 기름기를
빼고 식혀둔다.

2 청양고추와 홍고추를 둥글게 썬다.

3 분량의 양념재료에 청양고추와 홍고추를 넣어
바글바글 끓여 양념장을 만든다.

4 우엉튀김에 양념장을 넣고 고루 버무려 준다.

채소과일믹스샐러드

컬러나 맛이 다양한 자투리 과일, 채소는 샐러드로 활용할 수 있다.
이때 감자를 삶아 으깨어 함께 버무리면 맛이 풍부해지고, 수분을 흡수해 좋다.

재료

사과 5개
감자 10개
양배추 1/2통(450g)
어린잎 채소 약간

양념

마요네즈 5컵
소금 1큰술
설탕 3큰술
콩가루 1컵

만드는 방법

1 사과는 깨끗이 씻은 후 껍질채 0.5~1㎝ 두께의
   반달모양으로 자른다.
2 감자는 소금을 넣고 삶아 껍질을 벗긴 후
   포크로 꾹꾹 눌러 적당히 으깬다.
3 양배추는 한잎 크기로 자른다.
4 믹싱볼에 손질한 재료와 양념을 한데 넣고
   버무린다.
5 접시에 담고 어린잎 채소를 장식해 낸다.

나만의 메모

취나물볶음

맛과 향이 뛰어난 취나물은 생으로 쌈을 싸먹어도 좋고, 삶아서 나물로 먹어도 좋다.
독특한 향취가 미각을 자극하는 취나물은 무침을 한 후 슬쩍 볶아주면 맛이 더 깊어진다.

재료

취나물 500g
청고추, 홍고추 각 1개

양념

국간장 1/3컵
식용유 1/3컵
참깨 1/2컵

만드는 방법

1 끓는 물에 소금을 넣고 취나물을 넣어 데친다.
데칠 때 나물이 물에 잠기도록 물을 넉넉히 넣고
줄기가 무르도록 푹 데친다.

2 데친 취나물을 건져 내 찬물에 헹군 후
물기를 꼭짠다.

3 팬에 물기를 짠 나물을 넣고 식용유와 국간장을
넣어 바락바락 주무른다.

4 청·홍고추를 반으로 갈라 씨를 털어 내고
어슷썰어 넣고, 깨도 넉넉히 갈아서 넣는다.
깨를 넉넉히 넣으면 나물에서 생기는 물기를
잡아준다.

5 팬을 불에 올려서 청고추, 홍고추와 깨가 나물에
고루 섞이도록 뒤적이며 볶는다.

"개인적으로 향이 강한 나물을 좋아한다. 취나물도
그 중 하나로 주로 삶아서 무쳐내지만 팬에 기름을
슬쩍 두르고 한 번 볶아내면 풍미가 더 깊어진다.
취나물은 참기름을 넣지 않고 무쳐야 취나물의 향을
그대로 느낄 수 있다."

튀긴감자조림

튀긴감자는 소금과 설탕만 뿌려도 맛있지만
매콤짭조름한 양념으로 조려내면 바삭하면서 단짠단짠해 인기가 높다.
뒤적이며 조리지 않고 튀겨서 양념에 버무리는 형식이라
감자가 부서지지 않고 끝까지 예쁜 모양으로 먹을 수 있다.

재료

감자 1㎏
녹말가루 2컵
식용유 2컵 1/2

양념

국간장 1/2컵
고춧가루 3큰술
물엿 1/2컵
들기름 3큰술
통깨 1/2컵
송송 썬 청·홍고추 1/2컵

만드는 방법

1 감자는 껍질을 벗겨 5㎜ 두께로 둥글게 썬 후
　녹말가루를 묻힌다.

2 팬에 식용유를 넣고 180℃ 정도 되면
　감자를 넣고 튀기듯 굽는다.

3 노릇노릇해지면 꺼내서 기름을 뺀다.

4 팬에 분량의 양념 재료를 넣고 보글보글 끓인다.

5 튀겨놓은 감자를 양념에 넣어 버무린다.

나만의 메모

Summer

여름

더위를 물리치고
기운을 북돋는 반찬

가문어꽈리고추볶음

가문어는 대왕오징어를 가공한 것으로 맛과 모양이 문어와 비슷해 가문어(가짜 문어)라고 한다.
버터에 볶으면 맥주 안주로도 좋지만 꽈리고추와 함께 볶으면 향긋한 맛이 더해져
밥 반찬으로도 그만이다.

재료

가문어 1㎏
꽈리고추 500g

양념

고춧가루 1컵
고추장 1컵
마요네즈 1컵
물엿 1컵
맛술 1컵
올리브유 1컵
간장 1/2큰술(또는 액젓 5g)

만드는 방법

1 고추장을 제외한 양념 재료를 팬에 모두 넣고 끓이다가 꽈리고추를 넣는다. 꽈리고추가 크면 반을 잘라 넣는다.

2 불을 약불로 조절하고 꽈리고추에 양념이 고루 배도록 섞어 준다.

3 마지막으로 가문어와 고추장을 넣고 잘 섞는다.

> *Tip* 가문어를 마지막에 넣고 무쳐야 딱딱하지 않고 부드럽다.

나만의 메모

가지튀김무침

가지는 동서양을 막론하고 다양한 음식에 활용된다.
가지에는 수분과 칼륨이 다량 함유돼 노폐물 배출에 도움을 주고,
보라색 색소인 안토시아닌은 혈관의 노폐물을 제거해 준다.
가지를 기름과 함께 조리하면 리놀산과 비타민E의 흡수율을 높여준다.

재료

가지 3개
녹말가루 1컵
영양부추 30g
청고추 1개
홍고추 1개

양념

국간장 2큰술
물엿 1큰술
들기름 1큰술
굵은 고춧가루 1큰술
통깨 1큰술

만드는 방법

1 가지는 씻어서 길게 열십자로 자르고 3등분 한다.

2 녹말가루가 잘 묻도록 자른 가지를 물에 헹궈 준다.

3 헹군 가지에 녹말가루를 여러 차례 나눠 솔솔
  뿌려준다(조금씩 얇게 골고루 묻힌다).

> *Tip* 위생장갑을 끼고 뒤적여가며 뿌려야
> 손에 녹말가루가 묻지 않는다.

4 기름이 170~180℃가 되면 가지를 넣어 갈색으로
  노릇노릇해질 때까지 약 5분간 튀긴다.

5 튀긴 가지를 뜰채로 건져 기름을 빼고 넓은 쟁반에
  펼쳐 식힌다.

6 고명으로 올릴 청고추와 홍고추는 반을 갈라
  어슷썬다. 영양부추는 2㎝ 크기로 자른다.

7 식혀둔 가지튀김에 고명으로 썰어둔 청고추,
  홍고추, 영양부추와 양념 재료를 모두 넣고
  살살 버무린다.

"들밥의 반찬 중에 베스트로 꼽히는 찬이다. 많은 외식업소
경영주와 찬모들이 조리법을 궁금해 한다. 가지는 영업전에
미리 튀겨두었다가 바로바로 양념해 내야 수분이 적고
감칠맛이 올라온다."

깻
잎
찜

깻
잎
김
치

재료

깻잎 1kg
국물용 멸치 1컵
청양고추 5개

양념

들기름 1컵
진간장 1컵
고춧가루 1컵
통깨 3큰술
물 3컵

만드는 방법

1 믹서기에 멸치와 청양고추, 물을 넣고 거칠게 간다.
2 냄비에 갈은 멸치와 청양고추를 붓고
  진간장과 들기름을 넣어 끓인다.
3 끓인 양념에 고춧가루와 통깨를 넣고 섞어준다.
4 깻잎을 몇 장씩 잡아 소금을 넣은 끓는 물에
  5~7초 정도 데쳐 찬물에 담가둔다.
5 찬물에 담근 깻잎을 꺼내 물을 꼭 짠다.
6 깻잎에 양념을 한 장 걸러 하나씩 발라 준다.

재료

깻잎 1kg

양념

고춧가루 1컵
액젓 1컵
밀가루풀 1컵
통깨 3큰술
대파 1컵

만드는 방법

1 깻잎을 손질해 깨끗이 씻어 물기를 제거한다.
2 분량의 재료를 섞어 양념을 만든다.
3 깻잎 2~3장을 겹쳐서 사이사이에
  양념을 고루 발라준다.
4 바로 먹어도 되고 1~2일 두어 익혀서 먹어도 된다.

꽈리고추알찜

꽈리고추는 주로 음식의 부재료로 사용하는데,
꽈리고추에 날치알을 넣어 전을 부치면 근사한 메인 요리가 된다.

재료

꽈리고추 1㎏
달걀 5개

소

찹쌀가루 3컵
날치알 1컵
다진 청양고추 1컵
다진 홍고추 1컵
다진 쪽파 1컵
소금 1큰술
물 2컵

만드는 방법

1 꽈리고추는 씻어서 길게 배를 가른다.
2 분량의 재료를 섞어 소를 만든다.
3 꽈리고추에 2의 소를 채워놓는다. 꽈리고추 속은
   자투리 채소, 햄 등 남는 식재료 무엇이든
   다져 넣어도 된다.
4 달걀을 풀어 놓는다.
5 달군 팬에 식용유를 넉넉히 두르고 소를 채운
   꽈리 고추에 달걀물을 입혀 노릇노릇하게 지진다.

나만의 메모

꽈리고추찜무침

여름철 입맛 없을 때는 꽈리고추를 찜통에 살짝 쪄서 양념장에 무치면
간단하면서도 잃었던 입맛이 돌아온다.

재료

꽈리고추 1㎏
녹말가루 1컵
밀가루 2컵

양념

진간장 1/2컵
고춧가루 1/2컵
물엿 1/2컵
참기름 2큰술
깨소금 1/2컵
쪽파 3~4뿌리

만드는 방법

1 꽈리고추는 꼭지를 따서 깨끗이 씻어
물기를 빼둔다.

2 꽈리고추에 1차 녹말가루를 골고루 묻히고,
2차로 밀가루를 넣어 골고루 섞는다.

3 밀가루를 묻힌 꽈리고추를 채반에 올려 찐다.

4 꽈리고추를 찌는 동안 분량의 양념 재료를 넣어
양념장을 만들고 쪽파도 송송 썰어 넣는다.

5 찐 꽈리고추에 양념장을 넣어 골고루 버무린다.

나만의 메모

도라지진미채무침

도라지는 무침이나 볶음 등 다양하게 활용되지만 쌉쌀한 맛과 향 때문에 싫어하는 사람도 많다.
진미채와 함께 무쳐내면 호불호 없이 맛있게 먹는다.

재료

깐 도라지 500g
진미채 500g

절임용

설탕 1컵 1/2
식초 1컵 1/2

양념

고춧가루 2컵
고추장 2컵
황물엿 1컵

만드는 방법

1 깐도라지는 씻어서 물기를 뺀 후
   적당한 크기로 썬다.

2 도라지에 식초와 설탕을 넣고 버무려
   한시간 정도 재워둔다.

3 도라지를 건져 물기를 제거한다.

4 진미채는 먹기 좋은 크기로 자른다.

5 도라지와 진미채를 한데 넣고
   고춧가루, 고추장, 황물엿을 넣어 잘 섞는다.

나만의 메모

묵은지찜

겨우내 먹다 남은 묵은지는 여름철 돼지목살이나 등갈비를 넣고 푹 지져 먹으면
잃었던 입맛도 되찾게 한다. 그런데 돼지고기 대신 국물용 멸치를 넣고 푹 익힌 묵은지찜은
깔끔한 맛이 너무 매력적이어서 말 그대로 밥도둑이다.

재료

시판 포기김치 10㎏
대파 썬 것 7컵
송송 썬 청양고추 3컵

양념

국물용 멸치 3컵
다시다 1컵
설탕 1컵
된장 1컵
식용유 3컵
물 10L

만드는 방법

1 김치는 물에 대강 헹궈 양념을 털어내 준비해 둔다.

2 큰 솥에 분량의 물과 김치, 양념을 모두 넣어
센불에 올려 끓인다.

3 한소끔 끓으면 약불로 줄여 송송 썬 청양고추와
대파를 넣고 1시간 정도 은근히 익힌다.

> *Tip* 김치는 포기째로 넣고 식용유를 넉넉히 넣어
> 조리하는 것이 포인트.

나만의 메모

미역초무침

칼슘이 풍부한 바다의 채소 미역은 미역초무침, 미역국 등
다양한 요리법으로 활용할 수 있다.
미역은 녹색이 짙고 광택이 있으며 탄력이 있고 두꺼운 것이 좋다.

재료

염장미역 1㎏
적양파 2개
청고추, 홍고추 1/2컵

양념

시판 초고추장 2컵
겨자 3큰술
고춧가루 1컵
통깨 1컵

만드는 방법

1 염장미역은 물에 1시간 정도 담가
  소금기를 빼준다.

2 미역을 건져서 먹기좋은 크기로 자른다.

3 적양파는 채썬다. 적양파 대신 일반 양파를
  넣어도 된다.

4 청고추, 홍고추는 둥글게 슬라이스 한다.

5 미역과 적양파, 분량의 양념을 넣고
  조물조물 무친다.

> **Tip** 시판용 초고추장을 사용하면 약간의 재료만
> 추가해도 기본 이상의 맛을 낼 수 있다.

나만의 메모

방울토마토피클

방울토마토는 생으로도 먹지만 요리에 멋을 더하는 부재료로 활용도가 높다.
비타민이 풍부해 올리브오일을 첨가한 드레싱을 더하면
영양소를 더욱 효과적으로 흡수할 수 있다.

재료

방울토마토 1㎏

양념
식초 3컵
설탕 3컵
소금 3큰술
오렌지주스 3컵
올리브오일 1컵
통후추 1/3큰술
말린 바질 1/2큰술

만드는 방법

1 방울토마토는 팔팔 끓는 물에 넣었다가
   바로 꺼낸다.
2 찬물에 담가 건진 후 껍질을 벗긴다. 끓는 물에
   살짝 데치면 손쉽게 껍질을 벗길 수 있고
   피클 소스도 잘 스며든다.
3 분량의 재료로 소스를 만든 후
   껍질 벗긴 방울토마토를 넣어 잘 섞는다.
4 소독한 유리병에 담아 냉장고에 보관한다.
5 만들어서 바로 먹는다.

Tip 방울토마토는 꼭지를 따서 보관하는 것이 좋다. 꼭지가
달려있으면 방울토마토가 계속 성장을 하려고 하기
때문에 쉽게 물러지므로 꼭지를 따서 보관한다.

나만의 메모

과일무피클

과일무는 과일처럼 깎아서 생으로 먹어도 달고 트림이 없어 과일무로 불리는데,
항암 성분인 글루코시놀레타인 성분이 많아 글루코시무라고도 한다. 일반무에 비해서
식이섬유가 많고 당의 흡수를 지연시키는 효능이 있어 당뇨환자들이 많이 찾는다.

재료

과일무(글루코시무) 1kg
양파 2개
청고추 홍고추 각 1/2컵

양념

식초 3컵
설탕 3컵
소금 6큰술

만드는 방법

1 과일무는 껍질을 벗긴 후 2㎜ 두께의
   반달모양으로 썬다.

2 양파는 성기게 다지고 청고추, 홍고추도 다진다.

3 다진 양파, 청고추, 홍고추에 양념 재료를 넣어
   소스를 만든다.

4 썰어놓은 빨간무에 소스를 붓고
   하루정도 냉장고에 두었다가 먹는다.

5 접시에 낼 때 통깨를 뿌려낸다.

> *Tip* 과일무는 색이 예뻐서 통째로 얇게 슬라이스 하면
> 한 입 음식의 플레이트로 활용할 수 있다.

나만의 메모

부추콩가루찜

부추콩가루찜은 경북지역의 전통향토음식으로 정구지찜, 부추버무리, 부추찜으로 불린다.
보통 부추에 소금 간을 한 생콩가루를 묻혀 찌거나 콩가루 대신 밀가루를 묻혀 찌기도 한다.

재료

부추 3단
날콩가루 500g

부재료

청양고추 10개
홍고추 10개

양념

진간장 2컵
국간장 2컵
매실액 소줏잔 1컵
통깨 소줏잔 1컵

만드는 방법

1 부추를 깨끗이 씻은 후 물기가 있을 때
   손가락만한 길이로 썬다.
2 부추에 날콩가루를 넣어 골고루 섞는다.
3 한 김 올린 후 찜기에 종이 호일을 깔고
   날콩가루를 묻힌 부추를 넓게 펴서 담는다.
4 부추가 날콩가루와 어우러져 한 덩어리로 익으면
   불에서 내린 후 그대로 식힌다.
5 부추찜을 식히는 동안 양념장을 만든다.
   청양고추는 동글동글하게, 홍고추는 파절단기에
   넣어 길게 채썬 후 다지고, 분량의 양념재료를 넣어
   섞는다.
6 부추찜이 식으면 손으로 푸석거리며
   뭉친 것을 떼어 놓는다.
7 그릇에 담아 양념을 끼얹어 낸다.

나만의 메모

비름나물무침

냉이와 달래 등이 봄을 상징하는 대표적인 봄나물이라면 비름나물은 여름이 제철인 나물이다.
살짝 데친 비름은 기호에 따라 간장, 된장, 고추장 양념으로 무쳐 먹는다.

재료

비름나물 3㎏
메주콩 3컵

양념

쌈장 1컵
청고추, 홍고추 1컵
깨소금 1/2컵
참기름 1/2컵

만드는 방법

1 비름나물을 끓는 물에 데친다.
2 메주콩은 3~4시간 불렸다가 10분 정도 삶은 후
  찬물에 넣고 손으로 비비면서 껍질을 제거한다.
3 청고추, 홍고추는 씨를 빼고 송송 썰어준다.
4 데친 비름나물과 썰어놓은 청고추, 홍고추를
  볼에 담고 메주콩과 양념재료를 넣어 버무린다.

"노란색을 띠는 대두는 메주를 만들때 사용해서
메주콩이라고 부른다. 보통은 콩국, 콩전처럼 믹서에
갈아서 이용하거나 콩자반처럼 볶거나 조려서 먹는데
삶아서 무침이나 샐러드 등에 이용하면 고소하고
부드러운 맛뿐 아니라 다이어트식으로도 효과적이다."

나만의 메모

양파비트물장아찌

보통 양파는 간장장아찌로 많이 담그는데,
소금으로 간하고 비트물 또는 치자물을 입히면
양파의 색이 고와 눈길을 끈다.

재료

양파 500g
비트 1/2개
치자 1/2개

양념

물 500㎖
식초 500㎖
설탕 500㎖
소금 2큰술

만드는 방법

1 양파는 껍질을 벗겨 8등분으로 칼집을 낸다.
2 비트는 껍질을 제거하고 반달썰기로 썰어둔다.
3 통에 썰어놓은 비트와 식초, 물, 설탕, 소금을
  섞어 비트 단촛물을 만든다.
4 비트 단촛물에 양파를 넣어 하루 정도 실온에
  두었다가 냉장고에 넣어놓고 하나씩 꺼내
  사용한다.

 "양파치자장아찌도 만드는 방법은 비트와 동일하다.
노랗고, 빨갛게 물든 양파장아찌는 손님상에 낼 때
꽃처럼 펼쳐서 내면 식탁에 센터피스가 따로 없어도
화사하다."

나만의 메모

오이무침

오이는 95%가 수분으로 구성되어 있어 시원한 맛이 특징인 식재료이다.
우리나라에서는 생채나 김치, 장아찌 등으로 많이 섭취하며,
서양에서는 주로 샐러드나 피클로 활용한다.

재료

오이 10 kg
쪽파 1 kg
절임용 소금

양념

고춧가루 5컵
고추장 5컵
설탕 1컵
소금 1컵
깨소금 1컵
홍고추 10개

만드는 방법

1 오이는 길게 반으로 갈라 반찬집게 뒷부분을
  이용해 속을 제거한다.
2 속을 파낸 오이는 반으로 잘라 길게 썬다.
3 쪽파도 오이 길이로 썰어준다.
4 썰어 놓은 오이는 20분 정도 소금에 절인다.
5 절인 오이는 물기를 꼭 짜고, 썰어놓은 쪽파와
  분량의 양념을 넣어 조물조물 무친다.

"오이를 무칠 때 속을 파내고 무치면 물이 많이 생기지
않는다. 일반적으로 오이무침을 할 때 통으로 어슷 써는데,
반으로 갈라 길게 썰어서 사용하면 색다르면서도 훨씬
값어치 있어 보인다."

나만의 메모

오이소박이

부추의 쌉쌀한 맛과 오이의 아삭아삭한 식감이 잘 어울리는 여름철 별미다.
오래 두면 물컹하고 시큼해지니 담아서 하루, 이틀 후에 바로 먹어야
시원하고 맛있게 먹을 수 있다.

재료

오이 1접(100개)
부추 4단

절임용

물 6L
굵은소금 6컵

양념

고춧가루 10컵
설탕 2컵
새우젓 2컵
멸치액젓 2컵
찹쌀풀 8컵

만드는 방법

1 오이는 길게 십자 모양의 칼집을 낸다.

2 분량의 절임용 재료에 24시간 정도 오이를 절인다.

3 찹쌀풀을 쑤어둔다.

4 부추는 1㎝ 길이로 송송 썬다.

5 분량의 양념 재료에 부추를 섞어 소를 만든다.

6 절인 오이는 찬물에 헹군다.

7 물기를 뺀 오이에 소를 채워 통에 꼭꼭 재워둔다.

"1999년《LA Times》에는 당시까지 소개했던
수백 가지의 음식 중 기자들이 선정한 다시 먹어보고 싶은
음식 TOP 10에 오이소박이가 들었다고 한다.
아삭아삭하면서도 달콤하며 향긋한 맛이 일품이라고 한다.
다만, 이 오이소박이는 미국인의 입맛에 맞추어 마늘 대신
양파를 사용해 단맛을 좀 더 올린 오이소박이였다."

나만의 메모

오
이
장
아
찌

오
이
지
무
침

재료

오이 10 ㎏
설탕 10 ㎏

양념

고추장 5 ㎏
고춧가루 1 ㎏
물엿 2컵

만드는 방법

1 오이를 씻어서 길게 반으로 가른 후 속을 파내고
   3등분해 자른다.
2 잘라 둔 오이에 설탕을 넣어 하루정도 재워둔다.
3 재워둔 오이를 물에 한번 헹궈 건져낸 후 꼭 짠다.
4 짠 오이는 채반에 넓게 펼쳐놓고
   하루정도 수들수들하게 말린다.
5 말린 오이에 양념을 넣고 버무린다.

재료

오이 10 ㎏

양념

고춧가루 1컵
고추장 1컵
쌈장 1컵
물엿 1컵
통깨 1컵

만드는 방법

1 속을 파낸 오이를 먹기 좋게 3등분해 자른다.
2 분량의 재료를 섞어 양념을 만든다.
3 양념을 넉넉히 마련해두었다가 그때그때
   무쳐내면 물기없이 맛있게 먹을 수 있다.

조선호박찌개

동글동글한 조선호박은 한국의 재래종 호박으로 여름에 나는 호박이다.
일반적으로 애호박에 비해 볶거나 조림을 했을 때 풍미가 깊다.
찌개를 할 때도 오래 뭉근히 끓여야 깊은 맛이 난다.

재료

조선 애호박 10개
청양고추 10개
어슷썬 대파 1컵

양념

물 7컵 1/2
고춧가루 1컵
새우젓 1컵
다시다 1/2컵
들기름 1/2컵
식용유 1/2컵

만드는 방법

1 조선호박은 4등분해 1㎝ 두께의
  은행잎 모양으로 썬다.

2 청양고추, 대파는 어슷 썰어 둔다.

3 분량의 양념재료를 섞어 양념장을 만들고
  어슷 썬 청양고추, 대파를 섞어둔다.

4 냄비에 호박을 넣고 양념을 붓는다

5 센불에 끓이다가 끓어오르면 불을 줄이고
  약불로 호박이 뭉근해질때까지 끓여준다.

> *Tip* 찌개나 국을 끓일 때 뒤적여 가며 끓이면 재료가
> 뭉개져 음식이 볼품이 없다. 재료를 모두 넣고 난 후
> 뒤적이지 말고 그대로 끓이거나 졸이면 냄비째 식탁에 내도
> 주재료의 모양이 그대로 있어 보기에 좋다.

나만의 메모

청국장쌈장

초여름이면 각종 푸성귀들이 지천이다. 이 계절에는 싱싱한 쌈채소에 밥 한술, 쌈장 하나만
올려먹어도 입맛이 확 살아난다. 쌈장을 만들 때 미숫가루와 통들깨, 대두를 갈아 넣고
삶은 대두를 섞으면 고소하면서도 씹는 재미가 있는 반찬이 된다.

재료

된장 2㎏
대두(메주콩) 1㎏

양념

고춧가루 2컵
미숫가루 2컵
마요네즈 1컵 1/2
물엿 1컵 1/2
매실액 1/2컵
들깨 5컵

만드는 방법

1 대두는 1시간 정도 물에 불렸다가 삶는다.
   삶을 때 물의 양은 콩의 10배 정도로 넉넉히 넣고,
   센불에서 끓이다가 한소끔 끓으면 중불로 줄여
   1시간 정도 삶는다. 중간중간 콩이 익었는지
   손으로 눌러 보면서 체크한다.

2 콩이 다 삶아지면 찬물에 담가둔다.

3 커다란 볼에 된장, 고춧가루, 미숫가루, 마요네즈,
   물엿, 매실액을 섞는다.

4 삶은 대두 절반에 들깨와 사이다를 넣어
   믹서에 간다.

5 3, 4에 삶은 대두 절반을 넣은 후 고루 섞는다.

"쌈장은 곁들이 장에 지나지 않지만 콩을 삶아 넣고,
미숫가루, 들깨 등을 갈아 넣으면 짜지도 않고 고소해
많이 먹어도 되는 영양만점 찬이 될 수도 있다."

나만의 메모

해초샐러드

해초는 칼로리는 낮지만 식이섬유가 풍부해 다이어터들에게 인기가 높다.
짭조름하고 오돌오돌 씹히는 식감이 매력적인 해초샐러드는
더위로 잃어버린 입맛을 되찾아주는데 도움이 된다.

재료

톳 300g
미역 300g
곰피 300g
사과 2개
비트무 1개
피망 3개

양념

국간장 3컵
사이다 3컵
설탕 3컵
식초 3컵

만드는 방법

1 해초를 먹기좋은 크기로 잘라 손질한다.

2 끓는 물에 해초를 데친다

3 데친 해초는 찬물에 헹군다.

4 사과, 비트무, 피망은 4등분해 원하는 두께로
  은행잎 모양으로 썬다.

5 데친 해초와 4의 재료를 한데 넣고
  분량의 양념을 넣어 버무린다.

나만의 메모

호박고추장찌개

주키니호박은 애호박보다 크고 통통하지만 단맛이 적고 은근한 쓴맛이 있다.
유럽과 중국 요리에 더 다양하게 쓰이는데 한식에는 전, 볶음보다는 찌개, 국에 많이 사용한다.
반으로 가르지 않고 둥그런 모양을 그대로 살리면 푸짐하고 더 먹음직스러워 보인다.

재료

주키니호박 10개
청고추, 홍고추 각 5개

양념

고추장 1컵
고춧가루 1컵
국간장 3큰술
다시다 1큰술
물 2컵

만드는 방법

1 주키니호박은 7㎜~8㎜두께로 둥글게 썬다.

2 청고추, 홍고추는 다진다.

3 넓은 팬에 분량의 양념재료, 청고추, 홍고추를 넣어
양념장을 만든다.

4 썰어놓은 호박과 양념장을 켜켜이 쌓은 후
센불에 끓인다.

5 한소끔 끓고 나면 약불로 줄여 뭉근하게 졸여준다.

나만의 메모

호박잎보리밥찜

호박은 열매부터 잎까지 버릴것이 하나도 없는 식재료다. 호박잎은 쪄서 꽁치조림이나
고등어조림 또는 강된장과 함께 쌈 싸먹는 것이 일반적이다. 또 어린 호박잎은 된장국으로 끓이면
구수하다. 푹 삶은 보리밥에 호박잎을 넣어 뭉근하게 끓이면 별미 한 끼가 된다.

재료

호박잎 2단
보리쌀 600g
대파 1대
청양고추 3개
물 1.2L

양념

마늘 2큰술
국간장 1컵
들기름 1/2컵

만드는 방법

1 보리쌀을 씻어 솥에 앉힌 후 보리쌀 4배 분량의
   물을 넣어 뭉근하게 퍼지도록 삶는다.
2 보리쌀이 풀죽처럼 뭉근하게 익으면 물을 1.2L
   추가하고 마늘, 국간장, 들기름을 넣고 끓인다.
3 대파와 청양고추는 어슷썬다.
4 끓기 시작하면 호박잎을 손으로 뚝뚝 뜯어 넣고,
   대파와 청양고추를 넣고 무르도록 더 끓인다.
5 호박잎의 숨이 죽어 부드러워지면 불에서 내린다.
6 호박잎보리밥찜은 차게 해 먹어도 맛있다.

 "어릴적 학교에 다녀왔더니 엄마가 삶은 보리밥에 호박잎을
넣어 푹 고은 음식을 드시고 계셨다. 당시에는 보리밥을
잘 안먹어서 무슨 맛일지 궁금해 먹어봤는데 정말
맛있었다. 식당을 하면서 문득 엄마가 해 드셨던
그 음식이 생각나 찬으로 내놓으니 손님들도 좋아했다.
건강과 다이어트에 이것만큼 좋은 게 있을까 싶다."

나만의 메모

Autumn

가을

풍요로운 재료로 차리는
다채로운 반찬

궁채장아찌

중국 황제가 먹었다고 해서 궁채라고 불리는데 뚱채 또는 줄기상추라고도 한다.
잎은 쌈이나 나물을 해서 먹고 줄기는 말려 두었다가
장아찌를 담그거나 무쳐 먹으면 식감이 오독오독해 남녀노소 좋아하는 식재료다.
식당에서는 주로 중국산 말린 궁채를 물에 불려서 사용한다.

재료

말린 궁채 1단

양념

식초 3컵
진간장 3컵
설탕 3컵

만드는 방법

1 궁채는 물에 1시간 정도 불려 5㎝ 길이로 자른다.

2 큰 통에 궁채를 넣은 후 간장, 식초, 설탕을
동량으로 넣고 고루 섞는다. 궁채에서 수분이 나와
물을 넣지 않아도 되고, 간장, 식초, 설탕의 양은
재료가 잠길 정도로 조절하면 된다.

3 1시간 정도 재우면 바로 먹을 수 있다. 시간이
지나면 궁채에 간장이 스며들어 색이 점점
진해진다. 장아찌라서 오래 두고 먹어도 된다.

4 상에 낼 때는 통깨와 실고추를 고명으로 올려 낸다.

"궁채는 볶아서 들깨가루를 넣고 나물로 해 먹어도 맛있다.
프라이팬에 들기름을 두르고 다진 마늘을 듬뿍 넣어서
볶다가 궁채를 넣고 꼬들꼬들하도록 볶는다. 여기에
취향대로 양파, 대파, 쪽파를 넣어도 좋다. 간은 맛간장
또는 참치액으로 하고 들깨가루를 물에 개어 넣고 잘
섞어주면 된다."

나만의 메모

깻잎조림

깻잎은 짙은 녹색을 띠고 향이 짙으며 잎의 잔털이 선명해 표면이 까칠한 것이 신선하다.
깻잎에 감칠맛 도는 양념을 넣고 자박하게 조린 반찬은 맛이 부드럽고 담백하다.

재료

깻잎 1kg
청고추, 홍고추 각 5개
양파 1개

양념

고춧가루 1컵
국간장 1/2컵
들기름 1/2컵
식용유 1/2컵
다시다 2큰술
물 1컵

만드는 방법

1 청고추, 홍고추는 어슷썰고 양파는 채썬다.
2 분량의 재료를 섞어 양념을 만든다.
3 넓은 팬에 깻잎을 반으로 접어 돌려 담는다.
4 양념을 3의 깻잎 위에 붓는다.
5 어슷 썬 청고추, 홍고추, 채썬 양파를 올린다.
6 섞지 말고 그대로 자박하게 조린다.

나만의 메모

삭힌깻잎찜

간장이나 된장, 소금 등에 삭힌 깻잎은 무침, 찜, 김치로 만들어도 맛있다.
내장을 제거한 국물용 멸치를 넣으면 특유의 감칠맛에
깻잎향이 더해져 맛이 배가된다.
집에서는 깻잎의 모양을 살려서 요리하지만,
식당에서는 손이 많이 가서 나물볶음처럼 볶아내는데,
깻잎나물같은 느낌이라 낯설지 않다.

재료

업소용 염장 깻잎 1㎏
국물용 멸치 1컵
청양고추 10개

양념

국간장 1/2컵
고춧가루 1/2컵
물 3컵
식용유 1/2컵
들기름 1/2컵
설탕 3큰술
다시다 3큰술
깨소금 1/2컵

만드는 방법

1 염장 깻잎은 12시간 정도 물에 담가
짠기를 뺀다.

2 찬물에 헹군 후 체에 받쳐 물기를 뺀다.

3 국물용 멸치는 반을 갈라 내장을 제거한다.

4 넓은 팬에 깻잎과 손질한 국물용 멸치를 넓고
양념을 넣어 버무린다.

5 센불에 올려 깻잎이 끓기 시작하면
약한 불로 줄여 40분간 부드럽게 찐다.

나만의 메모

도토리묵말랭이조림

도토리묵을 말리면 탱글한 식감이 쫀득한 식감으로 변한다.
도토리묵 특유의 쌉싸름한 맛도 줄고, 보관도 용이하고 조리법도 다양해서
반찬으로는 도토리묵보다 오히려 장점이 많다.

재료

도토리묵말랭이 1㎏
쪽파 1컵
송송 썬 청고추, 홍고추
각각 1/2컵

양념

진간장 1컵
국간장 1컵
식용유 1컵
물엿 1/2컵
깨소금 1/2컵

만드는 방법

1 도토리묵말랭이를 찬물에 12시간 정도 불린다.

2 불린 도토리묵말랭이를 끓는 물에 넣었다가
바로 꺼낸다.

3 데친 도토리묵말랭이는 체에 받쳐
물기를 빼고 식힌다.

4 볶음팬에 데친 도토리묵말랭이, 양념을 넣어
센불에서 끓인다.

5 한소끔 끓으면 청고추, 홍고추와 쪽파를 넣어
약한 불에서 20분간 서서히 조려 부드럽게 한다.

나만의 메모

무말랭이무침

매콤하게 오독오독 씹히는 식감의 무말랭이무침은 어느 계절이나 어울리는 만능 반찬이다.
무말랭이는 일반 무보다 칼슘과 식이섬유, 비타민D가 높다.
특히 여름무의 푸석한 느낌이 싫다면 무말랭이로 무 반찬을 대체해도 좋다.

재료

무말랭이 5㎏
잘게 썬 쪽파 1컵
찰밥 3컵

양념

고춧가루 3컵
물엿 3컵
매실청 1컵
멸치액젓 1컵
새우젓 1컵
소금 3큰술
오렌지주스 3컵

만드는 방법

1 무말랭이는 물에 씻어서 체에 받쳐 물기를 빼고 꼭 짠다.

2 분량의 재료를 섞어 양념을 만든다.

3 무말랭이에 양념과 쪽파를 넣고 골고루 버무린다.

4 상온에 3일, 냉장고에 4일 정도 두었다가 먹는다.

"무말랭이는 경상도에서는 오그락지라고 한다.
찰밥은 믹서에 갈아넣어도 되지만 그대로 양념에 섞어도
밥알이 저절로 삭고 양념이 무말랭이에 잘 들러붙어
감칠맛이 높아진다."

나만의 메모

버섯피클

버섯은 반찬으로 먹을 땐 볶고, 고기와 먹을 땐 굽는 것이 일반적이지만,
피클로 만들면 새콤달콤해서 고기처럼 기름진 음식을 먹을 때 개운한 맛을 느낄 수 있다.
간장보다는 색감이 살아나는 소금 피클이 더 낫다.

재료

생표고버섯 500g
새송이버섯 500g
팽이버섯 500g
청고추, 홍고추 각 5개

양념

설탕 2컵
소금 2컵
식초 3컵
물 2컵
오렌지주스 2컵
월계수잎 10장
레몬 1개

만드는 방법

1 새송이 버섯은 길이로 2등분 또는 4등분하고,
   생표고버섯은 밑동을 떼서 준비한다.
   팽이버섯도 밑동을 잘라 놓는다.

2 팬에 올리브오일을 두르고 센불에서 버섯을 볶는다.

3 분량의 재료를 섞어 피클물을 만들어 끓인다.

4 피클을 담을 통에 손질한 버섯을 넣고
   끓인 피클물을 뜨거울 때 붓는다.

5 접시에 담은 후 청고추, 홍고추, 적양파 등을
   올려 낸다.

Tip 피클이지만 금방 만들어 뜨거울 때 먹어도 된다.

"피클이나 장아찌를 만들 때 물이 들어갈 경우는
분량의 재료를 섞은 다음 센불에서 한소끔 끓이지만
물을 넣지 않는다면 일부러 끓이지 않아도 된다."

나만의 메모

아삭이고추된장장아찌

아삭이고추된장장아찌는 판매용 찬으로 인기가 높다.
여름에 주문실수로 고추가 많이 들어와 오래 저장할 생각으로 된장에 묻어 두었다.
3개월 정도 지나 장독을 열었더니 적당히 아삭하고 쫄깃한 장아찌로 변해 있어서
손님상에 냈더니 반응이 폭발적이었다.

재료

아삭이고추 1박스(10㎏)

양념

시판콩된장 3대접
물엿 1대접

만드는 방법

1 커다란 볼에 된장과 물엿을 넣고 잘 섞어 놓는다.

2 씻어서 물기를 뺀 아삭이고추를 1에 넣고
양념이 고루 묻도록 버무린다.

3 버무린 고추는 차곡차곡 보관 용기에 담는다.

4 담을 때 된장을 넉넉하게 넣고 눌러가며 담는다.

5 뚜껑을 닫아 서늘한 곳에 보관한다.

> *Tip* 남은 된장은 청고추, 홍고추, 쪽파 등을 다져 넣고
> 쌈장으로 활용하면 된다.

 "아삭이고추된장장아찌는 싱싱할 때 된장에 버무려
바로 손님상에 내도 되지만 묵혀두었다가 먹으면
더 맛있다. 요즘은 아삭이고추된장장아찌를 찾는
마니아가 있을 정도로 매력있는 찬이다."

나만의 메모

알타리장아찌무침

아삭아삭한 식감과 시원한 맛의 알타리로 장아찌를 담가두었다가
꺼내서 매콤달콤하게 무쳐내면 손은 한번 더 가지만
고객에게는 장아찌 그대로 먹는 것과는 다른 맛과 재미를 줄 수 있다.

재료

알타리 무 1단

단촛물

식초 10컵
간장 10컵
설탕 10컵

양념

고춧가루 3큰술
흑설탕 1큰술
황물엿 1큰술
통깨 1/2컵
청고추, 홍고추 1컵

만드는 방법

알타리장아찌

1 알타리를 손질한 후 깨끗이 씻어 물기를 뺀다.
2 통에 알타리를 넣고 단촛물을 붓는다.
3 단촛물을 부은 알타리가 위로 뜨지 않도록
　무거운 것으로 눌러 놓은 후 뚜껑을 닫아 1달 정도
　냉장고에 보관한다.

알타리장아찌무침

1 알타리장아찌를 길고 납작납작하게
　먹기좋은 크기로 썬다.
2 볼에 알타리장아찌와 분량의 양념재료를
　넣고 버무린다.

나만의 메모

연근깨소스샐러드

연근은 조림, 전, 튀김 등 다양한 요리로 먹지만 아삭한 식감이 좋아 샐러드로도 인기다.
항산화작용과 콜레스테롤을 낮추는 효과가 있어 지방간 예방에 좋은 음식이다.
깨소스를 넉넉하게 넣어 물기 없이 무쳐내면 아삭하면서 고소하게 먹을 수 있다.

재료

연근 1kg

깨소스

들깨가루 4컵
참깨가루 3컵
진간장 2컵
설탕 2컵
마요네즈 3컵

만드는 방법

1 연근은 껍질을 벗겨 깨끗하게 씻은 후
  5㎜ 두께로 썬다.

2 끓는 물에 연근을 넣고 5분 정도 삶아
  찬물에 헹군 후 물기를 뺀다. 살짝 삶으면
  식감이 아삭하고, 조금 많이 삶으면 부드럽다.

3 깨소스 재료를 모두 섞어 소스를 만든다.
  참깨가루와 들깨가루는 바로 갈아서 사용하면
  고소함이 극대화 된다.

4 삶은 연근에 깨소스를 넣어 버무린다.

 "우리집 연근샐러드는 많은 식당 사장님들이 어떻게
만드는지 궁금해 하는 찬이다. 비결은 들깨와 참깨를
섞어 바로 갈아서 사용하고, 넉넉하게 사용하는 것이다.
재료를 아끼면서 맛있게 만드는 것은 불가능하다."

나만의 메모

연근전

찹쌀가루 반죽으로 부쳐낸 연근전은 바삭하고 쫀득하면서 부드러운 맛이 난다.
달걀, 부침가루, 튀김가루 등 다양한 반죽옷을 입혀도 된다.
여러가지 시도를 한 후 우리 매장에 맞는 방법을 찾는 것도 좋다.

재료

연근 1㎏
날치알 1컵
어슷 썬 청양고추 1컵
어슷 썬 홍고추 1컵
새싹채소 200g
식용유

반죽

찹쌀가루 3컵
물 2컵
맛소금 1큰술

만드는 방법

1 연근은 껍질을 벗겨서 5㎜ 두께로 동그랗게 썬다.
2 연근을 끓는 물에 살짝 데친 후 찬물에 씻어서
   건진다.
3 반죽 재료에 날치알, 어슷 썬 청양고추, 홍고추를
   넣어 반죽을 만든다.
4 반죽에 연근을 넣어 옷을 입힌다.
5 팬에 열이 오르면 식용유를 두르고 연근을 올린다.
   이때 새싹채소를 고명으로 올려
   앞뒤로 노릇하게 굽는다.

나만의 메모

연근조림

아삭하고 달콤짭짤한 조림은 가장 일반적인 연근조리법이다.
연근은 칼로리가 적고 식이섬유와 뮤신이라는 단백질이 있어 다이어트에도 좋다.
따뜻한 성질을 가진 연근은 겨울이 제철이지만, 요즘은 사철 즐길 수 있다.

재료

연근 1㎏
어슷썬 청고추, 홍고추 1컵

양념

진간장 1컵
흑설탕 1/2컵
미림 1/2컵
식용유 1/2컵
참기름 1/2컵
통깨 1/2컵
황물엿 1컵

만드는 방법

1 연근은 껍질을 벗겨 3㎜ 정도 두께로 얇게 썬다.

2 끓는 물에 연근을 10분 정도 익힌 후 건져놓는다.

3 황물엿을 제외한 분량의 양념 재료를 섞어
약불에 15분~20분 정도 끓인다.
물엿은 마지막에 넣으면 훨씬 더 윤기가 흐른다.

4 완성된 양념에 연근을 넣고 약한 불에서
10분 정도 뒤적여 가며 조린다.

5 불을 끄고 청고추, 홍고추를 넣어서 뒤섞은 후
마무리 한다.

나만의 메모

열무김치1

찹쌀풀이나 보리밥, 메밀풀은 모두 열무의 풋내를 잡아준다.
소금에 절이지 않은 열무는 몇 번 들썩이면 풋내가 나는 것 같다.
숟가락으로 열무에 양념을 발라주면 풋내도 없고 훨씬 맛있게 먹을 수 있다.

재료

열무 1단
보리밥 1kg

양념

고춧가루 1컵
청양고추 1컵
사과즙 3컵
액젓 1/2컵
소금 1큰술
고추씨 1큰술
사이다 4컵 1/2
검은깨 1큰술

만드는 방법

1 믹서기에 보리밥과 사이다를 넣고 갈아서 큰 볼에
 부어 놓는다.

2 믹서기에 청양고추와 사과즙을 넣고 청양고추가
 굵게 보일 정도로 대강 갈아준다.

3 1, 2를 섞고 소금과 액젓으로 간을 맞춘 후
 고추씨를 넣어 양념 기본 소스를 완성한다.

> *Tip* 고추씨를 넣어주면 고춧가루를 많이 넣지 않아도
> 시원한 맛과 매운 맛을 더할 수 있다.

4 3의 양념 기본 소스에 고춧가루와 검은깨를 섞는다.

5 커다란 쟁반에 열무를 담고 만들어 놓은 양념을
 열무 위부터 발라준다. 위에 바른 양념이 아래까지
 내려오기 때문에 밑에 있는 열무에는
 양념을 대충 발라도 된다.

열무김치2

열무는 열량이 낮고 섬유질과 엽산이 풍부한 알카리성 식품이다.
봄부터 초겨울까지 맛볼 수 있는 채소라서 반찬이나 비빔국수, 비빔밥 등 다양하게 활용할 수 있다.
키가 작고 잎이 도톰한 어린 열무일수록 아삭하고 맛있다.

재료

열무 1단

양념

찹쌀풀 1컵
액젓 1컵
매실액 1컵
마늘 1큰술
통깨 1큰술

고춧가루 물

물 1컵
굵은 고춧가루 1/2컵
가는 고춧가루 1/2컵

만드는 방법

1 여름에는 열무를 30분 절이고,
   겨울에는 1시간 정도 절여둔다.
2 고춧가루 물은 30분 전에 미리 불려둔다.
3 절인 열무는 빨래하듯이 비비고 문지른다.
4 세게 문지른 열무는 흐르는 물에 박박
   씻어가며 헹군다.

> *Tip* 박박 문지르면 색도 선명해지고,
> 간도 잘 베어 시간이 지나도 무르지 않는다.

5 찹쌀풀, 액젓, 매실액(1:1:1)을 섞어
   양념을 만들고 고춧가루 물과 섞어준다.
6 통깨와 마늘을 양념에 추가한다.
7 큰 볼에 열무를 넣고 만들어둔 양념을 부어
   버무린다.

나만의 메모

열무물김치

열무물김치에 메밀풀을 넣으면 풋내도 잡아주고 구수하면서
오랫동안 무르지 않고 아삭아삭하게 먹을 수 있다.

재료

열무 1단
굵은 소금 1컵
물 7컵 1/2

메밀풀

메밀가루 3컵
물 10컵

양념

액젓 1컵
신화당 1/2큰술
배주스 7컵 1/2
굵은 소금 1큰술

고명

자색무 약간
홍고추 약간

만드는 방법

1 굵은 소금 1컵에 물 7컵 1/2을 섞어서
소금물을 만든다.

2 깨끗이 씻어 건진 열무를 소금물에 재워
12시간 정도 절인다.

3 메밀풀을 쑤어 식힌다.

4 부드럽게 절여진 열무를 찬물에 씻어 물기를 뺀다.

4 메밀풀에 양념재료를 섞는다.

5 통에 열무를 넣고 양념물을 붓는다.

6 일주일 정도 냉장고에 두었다가 꺼내 먹는다.

> *Tip* 상온에 익히기보다 냉장고에서 익히면
> 열무의 색이 더 진하고 화려하게 나온다.

7 접시에 낼 때 자색무, 홍고추 등 색감이 풍부한
재료를 고명으로 올려낸다.

나만의 메모

풋고추장떡

여름과 가을에 가장 흔한 식재료 중 하나는 바로 고추다.
고추는 주로 양념으로 사용되지만 풋고추를 고추장떡처럼
전으로 지져 내도 별미다. 한 소쿠리 만들어 놓아도 오가며
손이 저절로 가 금방 동이 난다.

재료

롱그린고추 1㎏
식용유 또는 들기름

양념

밀가루 4컵
물 4컵
고추장 1/2컵
설탕 1큰술

만드는 방법

1 고추를 길게 반으로 가른다.
2 볼에 밀가루와 물을 동량으로 넣고
  고추장과 설탕을 넣어 잘 섞는다.
3 고추를 2에 넣어 반죽을 골고루 묻힌다.
4 프라이팬에 기름을 넉넉히 두르고 고추를 올려
  앞뒤로 노릇노릇하게 지진다.
5 고추장을 넣어 기본 간이 돼 있어 따로 간장을
  내지 않아도 된다.

"음식은 상상력이다. 어떤 식재료로 어떻게 요리할지
그림을 그려보면 무궁무진하다. 여러 가지 재료를
넣어 지진 고추장떡 대신 간단하게 풋고추로 지진 장떡은
만들기도 쉽지만 맛도 있어 비오는 날 손님상에 내면
더할나위 없다."

나만의 메모

황태구이

황태는 고단백 저지방 식품으로 콜레스테롤이 거의 없어 남녀노소 좋아하는 식재료다.
특히 양념장을 발라 즉석에서 구워내는 황태구이는 단품요리로도 훌륭하다.
황태에 마요네즈를 바르면 고소함이 살아나고 많은 양을 한꺼번에 손질해
냉동고에 넣어 둬도 얼지가 않아 주문이 들어오면 바로바로 구워 제공할 수 있다.
한정식 전문점이나 황태요리 전문점에서 활용하기 좋다.

재료

황태 5마리
마요네즈 5큰술
다진 청양고추 1/2컵
다진 대파 1컵

양념

오렌지주스 5컵
고춧가루 1/2컵
진간장 1컵
액젓 1컵
다시다 1/2컵
마늘 1컵
물엿 2컵
흑설탕 1컵
노두유 1큰술
참기름 1컵
참깨 1컵

만드는 방법

1 황태는 지느러미 등을 제거해 흐르는 물에 적신 후
수분이 스며들도록 30분 정도 불린다.

2 황태를 불리는 동안 분량의 양념재료에
다진 대파를 넣어 양념장을 준비한다.
기호에 따라 청양고추를 넣어 매콤한 맛을 더한다.

3 황태에 수분이 충분히 스며들어 촉촉해지면
황태 살에 마요네즈 한 스푼을 골고루 펴 바른다.

4 마요네즈를 바른 황태의 앞 뒷면에 녹말가루를
골고루 묻힌다.

> *Tip* 마요네즈를 발라 녹말가루를 입혀 냉동고에 넣어두면
> 얼지 않기 때문에 식당에서는 한꺼번에 많은 양을
> 준비해 넣어두고 사용하면 된다.

5 커다란 프라이팬에 기름을 넉넉히 두른 후
황태 껍질부터 튀기듯이 굽는다. 팬이 작으면
머리와 꼬리를 잘라내고 따로 굽는다.

6 구운 황태에 양념장을 골고루 발라 재워 둔다.

7 먹기 전에 프라이팬에 기름을 두르고
노릇노릇하게 굽는다.

8 손님 상에 낼 때는 통째로 접시에 담아 낸 후
서버가 테이블에서 먹기 좋게 잘라 주면 좋다.

황태전

황태전은 한마리를 통으로 부쳐내면 일품요리로 손색이 없다.
먹기좋은 크기로 잘라 상에 올리면 어른들에겐 술안주로, 아이들에겐 전으로 인기다.
손질할 때는 가시가 없도록 주의하고, 달걀의 노른자를 분리해서 써야 노릇노릇 예쁘게 부칠 수 있다.

재료

황태 5마리
마요네즈 5큰술
계란 5개
청고추, 홍고추 약간

반죽

찹쌀가루 2컵
녹말가루 2컵
시판용 카레가루 1/2컵
소금 1큰술
물 3컵

만드는 방법

1 황태는 지느러미 등을 제거해 흐르는 물에 적신 후
  수분이 스며들도록 30분 정도 불린다.

2 황태에 수분이 충분히 스며들어 촉촉해지면
  황태 살에 마요네즈 한 스푼을 골고루 펴 바른다.

3 계란은 흰자와 노른자를 분리해 둔다.

4 분리한 계란 흰자에 찹쌀가루, 녹말가루,
  시판용 카레가루, 소금, 물을 넣어 반죽을 만든다.

5 마요네즈를 바른 황태의 앞 뒷면에 4의 반죽을
  골고루 묻힌다.

6 커다란 프라이팬에 기름을 넉넉히 두른 후 앞뒤로
  노릇하게 지진다.

> *Tip* 황태전은 껍질쪽이 아니라 살쪽부터 부치고
> 약불에서 천천히 익혀야 바삭하게 먹을 수 있다.

7 황태의 앞면에 달걀 노른자를 1큰술 펴 바른 후
  청고추, 홍고추를 올려 뒤집어 익힌다.

황태조림

매콤짭짤하고 보드랍게 조린 황태조림은 반찬으로 인기가 높지만,
황태의 모양을 그대로 살려 즉석에서 굽듯이 조리면 일품요리가 된다.
보통은 먹기 좋은 크기로 잘라 무, 감자 등을 넣고 조리지만,
물기 없이 굽듯이 조려내면 모양도 살고 훨씬 꼬들하게 먹을 수 있다.

재료

황태 5마리
마요네즈 5큰술
대파 5뿌리
청양고추 10개

양념

물 5컵
고추장 5컵
고춧가루 3컵
멸치액젓 1컵
미림 2컵
통깨

만드는 방법

1 황태는 지느러미를 제거해 흐르는 물에 적신 후
수분이 스며들도록 30분 정도 불린다.

> **Tip** 황태포를 물에 담가서 불리면 육수가 빠져나가기 때문에
> 적셔서 불려주어야 한다.

2 황태에 수분이 충분히 스며들어 촉촉해지면
마요네즈를 골고루 펴 바른 후
식용유를 두른 팬에 노릇하게 굽는다.

3 팬에 분량의 양념재료를 섞어 센불에서 한번
끓어오를 때까지 두었다가 불을 끈다.

4 커다란 팬에 구운 황태와 양념장, 송송 썬 대파,
청양고추 등 고명을 켜켜이 올려 끓인다.

5 한소끔 끓어 오르면 약한 불에서 15분 정도
양념이 스며들도록 조린다.

나만의 메모

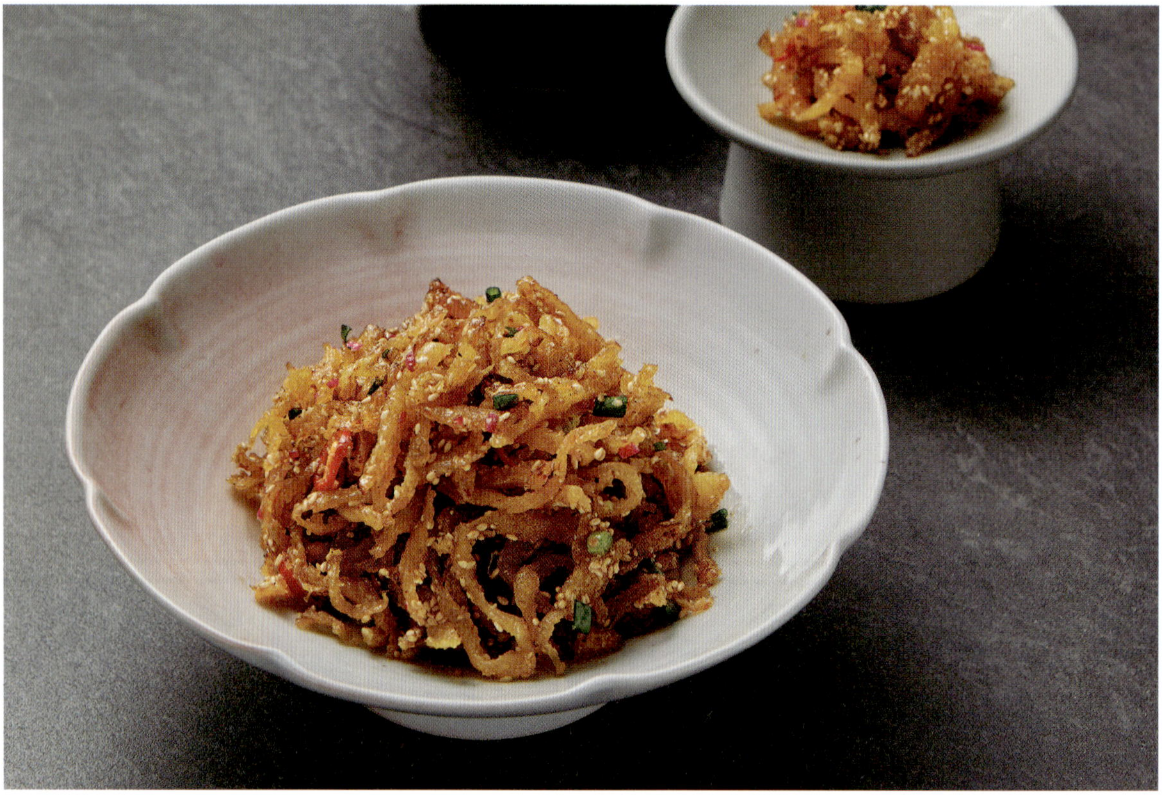

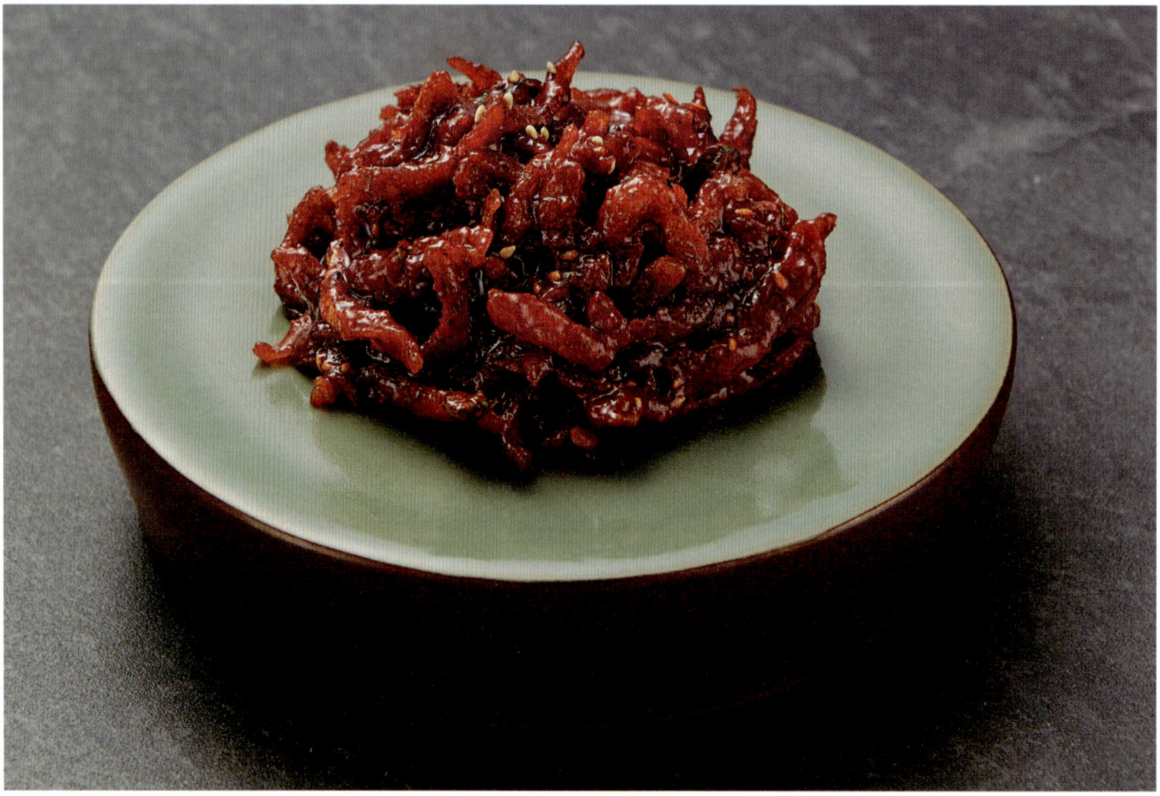

황태튀김무침

재료

황태채 1kg
녹말가루 2컵
식용유 3컵

양념

국간장 1/2컵
물엿 1컵

만드는 방법

1 황태채는 한입 크기로 잘라서 손질한다.
2 손질한 황태채를 물에 헹궈 건져서 꼭 짠다.
3 황태채에 녹말가루를 넣고 버무린다.
4 팬에 식용유를 붓고 온도가 180℃로 오르면 황태채를 넣었다가 바로 건진다.
5 튀겨낸 황태채의 기름을 빼고 한 김 식힌 후 분량의 양념을 넣고 버무린다.

황태튀김장아찌

재료

튀긴 황태채 1kg

양념

시판 고추장 5컵
고춧가루 1컵
매실액 1컵
통깨 1컵

만드는 방법

1 튀긴 황태채에 분량의 양념을 넣고 버무린 후 재워둔다.
2 장아찌처럼 저장했다가 먹어도 되지만, 바로 먹어도 된다.

Winter

겨울

추위를 이기는
따뜻하고 든든한 반찬

고추장굴비장아찌

찐 굴비살을 양념장에 무쳐낸 반찬으로 항아리에 재워두었다가 숙성시켜 먹기도 하고,
진미채무침처럼 양념을 끓이다가 굴비를 넣고 버무리기도 하는데,
가볍게 무쳐내 바로 먹어도 매콤달콤하게 맛있다.

재료

찐굴비 1kg
통깨

양념장

고추장 1kg
고춧가루 5컵
매실액 3컵
소주 1/2컵

만드는 방법

1 찐 굴비는 살만 떼어낸다.

> *Tip* 말리기만 한 굴비는 손이 많이 가므로
> 찐 굴비를 사용한다.

2 분량의 재료를 섞어 양념을 만든다.

3 굴비살에 양념을 무친다.

4 접시에 담고 통깨를 뿌려낸다.

나만의 메모

꼬막무침

꼬막은 단백질과 아미노산이 풍부해 겨울철 영양식재료로 인기가 높다.
회나 무침으로 주로 내기 때문에 껍데기가 필요한 찜 종류가 아니라면 자숙꼬막을 사용하면 편리하다.
꼬막무침은 반찬으로 활용해도 되지만 일품요리나 꼬막비빔밥 등 메인 메뉴로 응용할 수 있다.

재료

자숙 꼬막 1㎏

양념

진간장 3큰술
액젓 3큰술
고추장 3큰술
고춧가루 3큰술
설탕 2큰술
통깨 3큰술
참기름 2큰술

만드는 방법

1 자숙꼬막은 미지근한 물에 한번 헹궈
체에 받쳐 물기를 뺀다.

> *Tip* 자숙꼬막은 이미 익힌 것이지만, 냉동상태의 제품을
> 사입했다면 해동해서 끓는 물에 가볍게 데쳐서
> 사용하면 좋다.

2 분량의 재료를 섞어 양념장을 만든다.
3 꼬막에 양념장을 넣어 무쳐 낸다.

"꼬막은 12월부터 3월까지가 살이 가장 통통하고 꼬들하니
맛있다. 알이 굵은 꼬막은 적당하게 잘라서 사용하는
경우도 있지만 그대로 사용하는 것이 식감도 좋고
요리느낌도 더 잘 산다."

나만의 메모

꽃게장무침

간장꽃게장은 알을 먹기위해 6월에 잡은 암게를 통으로 담지만, 양념꽃게장은 쫀득하고
달달한 살에 매콤달콤한 양념을 먹기 때문에 암수의 종류나 계절의 제약을 덜 받는다.
특히 절단된 게를 사용하면 양념장이 골고루 배어들고 먹기도 조금 편하다.

재료

냉동 절단 꽃게 10㎏
순무 또는 양파 2개
쪽파 500g
홍고추, 청고추 각 10개

양념

양조간장 7컵
고춧가루 10컵
청주 3컵
매실액 1컵
물엿 2컵
배주스 1컵
갈은 양파 1컵
생강가루 1/2컵
참기름 1/2컵
겨자 빈컵
후추 1큰술
통깨 1컵

만드는 방법

1 분량의 양념재료를 섞어 양념장을 만들어
하루 정도 숙성시킨다.

2 꽃게는 청주 3컵을 붓고 상온에서 해동한다.

> **Tip** 절단된 꽃게는 손으로 자주 만지거나
> 물에 헹구지 말아야 한다.

3 순무는 도톰하게 반달로 썰고,
쪽파는 5㎝ 정도 길이로 적당하게 썰고,
청고추, 홍고추는 송송 썬다.

4 해동한 꽃게는 건져서 물기를 제거한다.

5 숙성해 놓은 양념장에 순무와 쪽파,
청고추, 홍고추를 넣어 버무린다.

6 꽃게에 양념을 넣고 살살 버무린다.

7 꽃게장무침은 양념에 버무려 바로 먹으면 된다.

나만의 메모

말린고추볶음

말린고추는 밀가루나 찹쌀가루를 입혀 쪄서 말렸다가
기름에 볶아 부각반찬으로 내는 경우가 많은데,
살짝 볶은 후 양념에 무치면 바삭하고 매콤하면서 짭쪼름해 매력적이다.

재료

말린고추 1㎏
식용유 5컵
어슷썬 청고추, 홍고추 1/2컵

양념

조선간장 1/2컵
진간장 1/2컵
고춧가루 2큰술
물엿 2큰술
통깨 2큰술

만드는 방법

1 말린고추는 기름을 넉넉히 두르고 볶는다.
시판용 말린고추를 사용하면 편리하다.

2 분량의 양념재료를 섞어 양념장을 만든다.

3 볶은 고추에 양념장, 어슷 썬 청고추, 홍고추를
넣고 버무려 낸다. 볶은 고추가 식기 전에 버무려야
양념이 잘 붙는다.

나만의 메모

무전

겨울무는 약으로 쓰인다고 할만큼 몸에 좋고, 맛까지 시원하고 달큰하다.
무는 볶고 무치고 찌고 조리는 등 다양하게 조리할 수 있지만 찹쌀가루와 녹말가루 반죽에
카레가루를 섞고 쪽파와 자색무를 채 썰어 올리면 매우 고급스러운 무전으로 변신한다.

재료

겨울 무 1개
식용유

반죽

찹쌀가루 2컵
녹말가루 2컵
시판용 카레가루 1/2컵
소금 1/2큰술
물 4컵

고명

쪽파
자색무

만드는 방법

1 무는 반으로 갈라 채칼로 길게 슬라이스 한다.

> **Tip** 동그랗게 자르는 것보다 길다랗게 자르면
> 모양이 더 예쁘고 일품요리 같은 느낌이 난다.

2 분량의 반죽 재료를 섞어 반죽을 만든다.
3 슬라이스한 무를 반죽에 넣어 앞뒤로 묻힌다.
4 팬에 기름을 두르고 반죽을 묻힌 무를 올리고
　쪽파와 자색무를 번갈아가며 올린다.
5 앞뒤로 노릇하게 부쳐낸다.
6 양념장을 곁들여낸다.

나만의 메모

무나물

겨울무는 수분이 많고 달고 아삭한 식감 때문에 다양한 요리에 많이 사용된다.
대부분은 생으로 채를 썰어 무침을 만들거나 들기름에 볶기도 한다.
무나물은 무채를 데쳐 무치듯 볶아내는데 부드럽고 달큰하니 맛있다.

재료

무 1개(1.5 kg)
쪽파 약간

양념

맛소금 1큰술
식용유 1큰술

만드는 방법

1 무는 가운데를 절반으로 자르고, 세워서
다시 반으로 자른다.

2 채칼로 채를 친다.

> **Tip** 무의 파란 부분을 살려 길게 채치는 것이 포인트다.

3 끓는 물에 소금을 넣고 무채를 넣어 삶는다.
마지막 팬에 볶을 때는 살짝만 볶아주기 때문에
삶을 때 충분히 익히는 것이 중요하다.

4 삶은 무채를 건져 찬물에 헹군다.

5 4의 무채에 맛소금과 식용유를 넣고 버무린다.

6 팬에 무채를 넣고 불에 살짝 볶는다.

7 쪽파를 고명으로 올려 낸다.

"무나물은 보통 채를 썰어 볶다가 물을 넣고 무르게
익혀 내지만, 자칫 잘못하면 너무 무르거나 볶는
과정에서 부스러지는 등 쉬우면서도 어려운 음식이다.
조리방법만 살짝 바꾼 들밥의 무나물 볶음은 식감이 달라
고객들이 선호하는 찬 가운데 하나다."

무채무침

무채무침은 기호에 따라 고춧가루 양을 조절해서 더 빨갛게 무쳐도 좋고,
식초를 넣어 새콤달콤하게 먹어도 좋다.
겨울무로 바로 무쳐내는 달달하고 아삭한 무채무침은
김장김치에 질린 입맛에 새로움을 더해주는 반찬이었다.
재료가 단순하고 조리법은 더 단순해서 식당반찬으로는 더할나위 없다.

재료

겨울 무 1개
청고추, 홍고추 5개

양념

고춧가루 1큰술
맛소금 2큰술
설탕 1큰술
액젓 1큰술
깨소금 3큰술

만드는 방법

1 무는 깨끗이 씻은 후 채칼로 채친다.
2 무채에 분량의 양념재료와 송송 썬 청고추,
홍고추를 넣고 버무린다.
3 적당한 크기의 통에 넣고 꼭꼭 눌러 담아
냉장 보관한다.

배추전

알배추는 알배기배추, 쌈배추라고도 하는데 김장배추보다 크기가 작아서 재료손질이 쉽고,
국이나 찌개, 겉절이, 무침, 물김치 등 다양하게 요리해 먹을 수 있다.
특히 수분함량이 높고 열량은 낮은데 식이섬유와 비타민C까지 풍부해서
다이어트 채소로도 인기가 높다.

재료

알배추 1통
식용유

반죽

밀가루 5컵
맛소금 1큰술
물 5컵

양념장

진간장 1컵
국간장 1컵
설탕 1큰술
깨소금 1큰술
쪽파 다진것 1/2컵
청양고추 다진 것 1/2컵

만드는 방법

1 알배추는 낱낱이 잎을 뗀 후 씻어서
체에 받쳐 둔다. 큰 잎은 줄기 부분을
칼등으로 두드려 펴준다.

2 밀가루, 물, 맛소금을 섞어 반죽을 만든다.

3 배춧잎에 반죽을 앞뒤로 고루 묻힌다.

4 팬에 식용유를 두르고 앞뒤로 노릇하게 지진다.

5 분량의 양념장 재료를 섞어 양념장을 만든다.

6 배추전을 먹기좋은 크기로 자르고
양념장과 함께 낸다.

나만의 메모

배추찜샐러드

배추는 영양이 높고 가격은 비교적 저렴한데 조리법이 다양해서 매력적인 재료다.
배추찜샐러드는 배추를 쪄서 마요네즈샐러드를 켜켜이 넣어 포기김치처럼 만든 따뜻한 샐러드다.
한식당에서 더 이상 샐러드로 낼 만한 아이디어가 없다면 한번 도전해 보자.

재료

알배추 3포기
적양배추 1/4개
양파 3개

소스

마요네즈 3컵
설탕 1컵
우유 1컵
유자청 1컵
소금 1큰술

만드는 방법

1 배추는 크기에 따라 2등분 또는 4등분으로 자른다.
2 김이 오른 찜기에 배추를 넣고
  젓가락으로 찔러서 무를 때까지 찐다.
3 적양배추와 양파를 다진다.
4 분량의 소스 재료에 다진 적양배추와 양파를 섞어
  소스를 완성한다.
5 쪄낸 배춧잎 사이사이에 소스를 켜켜이
  골고루 채워 넣는다.
6 접시에 담고 토치를 사용해 배추찜샐러드에
  불맛을 입힌다.

나만의 메모

백김치

고춧가루 없이 배추와 무채로 하얗게 담그는 백김치는 맛이 담백하고
톡 쏘는 시원한 맛 덕분에 남녀노소 누구나 좋아하는 반찬이다.
국물을 많이 만들면 물김치가 되므로 적당하게 만들어 부어야 한다.
너무 일찍 썰어놓으면 단맛이 빠지니 먹기 전에 썰어 내놓는 것이 좋다.

재료

알배기 배추 10kg
무 1kg

배추 절이기용

절임용 굵은 소금 2kg
물 10L

무채 절이기용

배음료 7컵 1/2
양파 10개
생강가루 3큰술

찹쌀풀

찹쌀가루 10큰술
물 5컵

국물

까나리액젓 2컵
매실청 4컵
꽃소금 1컵
물 10L
청고추, 홍고추 각 10개씩

만드는 방법

1 소금물을 만들어서 알배기 배추를
   12시간 정도 절인다.

2 찹쌀가루 10큰술에 물 5컵을 넣어 잘 섞어준 다음
   불에 올려 눌지 않도록 저어가며 끓여
   찹쌀풀을 쑨 후 식혀둔다.

> *Tip* 여름엔 밀가루, 겨울엔 찹살가루로 풀을 쑨다.

3 무는 채썰고 분량의 절이기용 재료로 버무려 둔다.

4 청고추와 홍고추는 송송 썰고
   분량의 국물재료를 섞어 밑국물을 만든다.

5 절여둔 배추를 씻어서 물기를 뺀다.

6 배춧잎 사이사이에 무채로 속을 채워
   통에 담는다.

7 6에 밑국물을 붓고 김치냉장고에 넣는다.

8 보름 정도 후에 먹는다.

나만의 메모

브로콜리감자샐러드

샐러드는 식이섬유와 비타민, 무기질 등을 다채롭게 섭취할 수 있는 음식이다.
특히 브로콜리는 비타민C와 베타카로틴, 칼슘, 엽산 등 영양소가 풍부하고,
감자는 알카리성분 식품으로 비타민C와 철분이 많아서 2개 채소만 섞어 샐러드를 만들어도
몸에 좋은 영양소를 골고루 섭취할 수 있다.

재료

브로콜리 1㎏
감자 1㎏
자색무 1개

드레싱

마요네즈 3컵
맛소금 3큰술
깨소금 1컵
참기름 3큰술

만드는 방법

1 브로콜리는 송이를 떼 잘라서 데친다.
2 끓는 물에 소금을 넣고 감자를 삶는다.
3 삶은 감자를 덩어리지게 으깬다.

> **Tip** 단호박 등 다양한 뿌리채소를 활용해도 좋다.

4 자색무는 채썬다
5 분량의 재료를 섞어 샐러드 드레싱을 만든다.
6 브로콜리와 감자, 자색무를 한데 섞고
　드레싱을 넣어 버무린다.

"브로콜리감자샐러드는 포슬포슬하게 먹어야 맛있다.
감자를 포슬하게 삶아 으깨고, 브로콜리는 데친 후
물기를 완전하게 제거해야 마지막까지 맛있게
먹을 수 있다."

나만의 메모

브로콜리전

브로콜리는 11월부터 4월까지가 제철이지만 요즘은 사시사철 먹을 수 있다.
항암효과가 우수한 식품이라고 해서 많은 사람들이 즐겨 먹는데,
데쳐서 초고추장에 찍어먹거나 볶음, 샐러드, 수프 등으로 요리한다.
그 중에서 한식반찬으로 가장 맛있게 먹을 수 있는 방법은 전으로 먹는 것이다.

재료

브로콜리 1㎏
잘게 다진 피망 약간
식용유

반죽

찹쌀가루 2컵
밀가루 2컵
물 3컵
소금 1큰술
계란 3개

만드는 방법

1 브로콜리는 송이를 떼어 2~3등분으로
  납작하게 손질한다.

2 손질한 브로콜리를 끓는 소금물에 데친 후
  건져내 물기를 뺀다.

2 계란은 노른자와 흰자를 분리한다.

3 분량의 반죽재료에 분리해 둔 흰자를 넣고
  반죽을 만든다.

4 물기를 뺀 브로콜리에 반죽을 묻힌다.

5 팬에 기름을 두르고 노릇노릇하게 지진다.

6 숟가락으로 계란 노른자를 브로콜리 위에 묻혀서
  뒤집어 지진다.

> **Tip** 전을 부칠 때 따로 분리한 계란 노른자를
> 숟가락으로 떠 한번 더 입혀 뒤집어서 부치면
> 노란색이 돋보여 먹음직스럽게 보인다.

새우장

큼직한 탈각새우에 간장양념물을 끓여부어 만든 반찬으로 간장새우로도 불린다.
9월~12월이 제철인 새우는 굽고 찌고 튀겨먹어도 맛있지만
새우장을 담가 먹으면 또다른 밥도둑 반찬이다.

재료

냉동 탈각 새우 3㎏
청양고추, 홍고추 각 5개
대파 3뿌리
양파 1개

간장양념물

진간장 6컵
설탕 2컵
배음료 6컵
물 7컵 1/2
계피 1개
통후추 1큰술
월계수 잎

만드는 방법

1 탈각새우는 해동한 후 씻어서 건져놓는다.
탈각새우를 사용하면 고객이 편하게 먹을 수 있다.

2 간장양념물 재료를 넣어 끓인다.

> **Tip** 배음료를 사용하면 손쉽게 달고 시원한
> 감칠맛을 낼 수 있다.

3 끓기 시작하면 약한 불에서 20분간 더 끓인 후
불을 끈다.

4 간장물을 식힌 후 체에 받쳐 건더기를 걸러낸다.

5 1의 새우에 양념물을 붓는다.

6 하루 정도 상온에 두었다가 먹는다.

나만의 메모

시래기찜

시래기는 비타민A와 베타카로틴이 풍부해 겨울의 약초로 불린다.
고기나 생선 등 다양한 요리에 부재료로 훌륭하게 어울리지만
멸치를 넣고 만든 시래기찜도 맛이 깔끔하고 담백하다.

재료

시래기 1박스(10㎏)
멸치 0.8~1㎏(1박스 1.5㎏)
청고추, 홍고추 각 5개
대파 5대

양념

식용유 5컵
들기름 5컵
시판 국간장 1대접
들깻가루 2대접

만드는 방법

1 시래기는 해동해서 적당한 길이로 썬다.

> **Tip** 삶아서 냉동한 시래기를 박스채 사입하는 것이
> 조리시간도 단축되고 편리하다.

2 멸치는 내장을 제거해 준비한다. 내장을 제거하지
  않고 그대로 써도 되지만 약간 쌉싸름한 맛이 돈다.

3 커다란 솥에 준비한 시래기를 모두 넣고
  자박자박하게 잠길 정도로 물을 붓는다.

4 3에 식용유와 들기름을 넣어 잘 섞어준다.

5 4에 멸치를 올리고 간을 하지 않고 푹 삶는다.

> **Tip** 간을 해서 삶으면 시래기가 가늘고 질겨진다.

6 시래기가 무르면 송송 썬 대파와 다진 청고추,
  홍고추, 국간장, 들깻가루를 넣고 고루 섞어
  한소끔 더 끓여 완성한다.

나만의 메모

청국장찌개

청국장은 진한 냄새 때문에 호불호가 갈리는 메뉴 중 하나지만
최근엔 냄새가 적은 청국장이 다양하게 나와 고객층에 맞게 선택하면 된다.
청국장이나 된장은 김치를 먼저 넣고 끓인 다음 나중에 넣어야 맛과 영양이 더 높다.
특히 청국장은 넣고 저어서 바로 먹어도 된다고 할 만큼 잠깐 동안 끓여야 한다.

재료

김치 1㎏
청국장 2컵
된장 1컵
물 3L
다시다 3큰술
어슷 썬 대파 1/2컵
송송 썬 홍고추, 청양고추
각 1/2컵

만드는 방법

1 김치를 송송 썬다. 김치는 적당하게 숙성된 것을
사용한다.

2 냄비에 김치와 물 3L를 넣고 바글바글 끓인다.

3 김치가 익으면 청국장과 된장, 대파, 홍고추와
청양고추를 넣고 한소끔 끓여 낸다.

Tip 두부를 적당하게 썰어 넣어 먹어도 맛있다.

나만의 메모

파래무침

12월~4월이 제철인 파래는 항산화, 항노화를 돕는 폴리페놀 성분이 풍부하다.
파래를 가열하지 않고 그대로 무치면 바다의 향과 신선함을 그대로 느낄 수 있고,
끓는 물에 살짝 데쳐서 무치면 부드럽고 비릿한 냄새가 줄어든다.

재료

생파래 1kg
청양고추, 홍고추 각 3개
적양파 1개
자색무 1개

양념

설탕 1컵
식초 2컵
소금 3큰술
겨자 1큰술
포도당 1컵
깨소금 1컵
마늘 1컵

만드는 방법

1 파래는 깨끗이 씻어서 물기를 꼭 짠 후
　먹기좋은 크기로 잘라준다.

2 청양고추, 홍고추는 송송 썰고,
　적양파, 자색무는 채썬다.

> *Tip* 적양파와 자색무는 단촛물에 살짝 절여도 된다.

3 분량의 양념 재료를 섞어 양념장을 만든다.

4 파래에 채썬 채소를 넣고 양념장으로 무쳐낸다.

"새콤달콤 알싸한 소스는 충분한 양을 만들어 놓으면
해파리 냉채 등 다른 반찬에도 활용할 수 있다.
또한 생파래는 온도에 민감하기 때문에 15℃의 물에
천일염을 조금 넣어 흔들어 세척하면 맛과 향이
더욱 살아난다."

나만의 메모

Daily

언제나

사계절 어느 때나

익숙하면서 특별한 반찬

김볶음

미네랄이 풍부해 건강식품으로 인기가 높은 김은 살짝 구워서 간장과 함께 내도 되지만,
간단하게 양념해서 볶아내면 바삭하고 고소해서 밥반찬뿐 아니라 스낵처럼 먹을 수 있다.

재료

김 1톳

양념

식용유 1컵
설탕 1컵
맛소금 1/2컵
고춧가루 1/2컵
깨소금 1컵

만드는 방법

1 김은 먹기좋은 크기로 손으로 찢어놓는다.
    가위를 사용해 적당한 크기로 잘라도 된다.

> *Tip* 너무 잘게 찢으면 볶을 때 부서질 수 있으니
> 가로, 세로 약 3~4㎝ 정도 크기로 자른다.

2 분량의 양념재료를 한데 섞는다.

3 자른 김에 양념을 넣고 살살 버무린다

4 약불에 팬을 올려 양념한 김을 넣고 뒤집어가며
    살살 볶아준다.

5 어느정도 바삭하게 구워지면 꺼내 식힌다.

나만의 메모

다시마튀각

바삭하고 단짠단짠한 맛의 다시마튀각은 고객이 좋아하는 인기 반찬 중 하나다.
찹쌀풀을 발라 말린후 튀겨내는 부각은 손이 너무 많이 가고, 조리시간도 길어서
일반 식당에서는 대부분 재료 그대로 튀겨내는 튀각을 반찬으로 사용한다.
완전히 식힌 후 밀폐용기에 넣어 서늘한 곳에 보관해야 눅눅해지지 않는다.

재료

다시마 1kg
식용유 3L

양념가루

설탕 3컵
맛소금 2큰술
통깨 3컵

만드는 방법

1 식용유를 튀김 솥에 절반 정도 차도록 붓고
  불을 켜서 튀김 기름의 온도를 올린다.

2 다시마는 한 입 크기로 잘라 훌훌 펼치며
  가루를 털어낸다.

3 설탕, 맛소금, 통깨를 한데 잘 섞어둔다.

4 기름 온도가 180℃로 오르면 다시마를 넣고,
  넣자마자 바로 꺼낸다.

5 다시마는 꺼내자마자 3의 양념가루를 뿌리고
  뒤적여가며 골고루 묻힌다.

6 다시마튀각이 완전히 식었을 때 지퍼백이나
  밀폐통에 담아 보관한다.

"다시마튀각은 기름에 넣자마자 꺼내야 쓴맛이 안난다.
튀겨진 다시마에 뜨거운 기름이 남아 있을 때 소금, 설탕,
통깨를 섞은 양념가루를 뿌려야 잘 붙는다."

나만의 메모

두부조림

두부조림은 밥반찬으로 좋지만 외식업소에서는 소면이나 당면을 추가해
가성비 높은 술안주 메뉴로 부가매출을 높일 수 있다.
추운 날씨에는 식탁에서 끓이면서 먹으면 좋다.

재료

두부 2모
식용유 1/2컵
대파 한 뿌리
청양고추 5개
홍고추 1개
양파 1개

양념

고춧가루 2큰술
설탕 1큰술
다진 마늘 2큰술
물 3컵
다시다 1큰술

만드는 방법

1 두부는 4등분으로 두툼하게 자른다.

2 대파, 청양고추, 홍고추는 어슷썰기하고
  양파는 채썬다.

3 물 3컵에 고춧가루, 마늘, 다시다, 설탕을 넣고
  잘 섞은 후 손질한 채소를 넣어
  조림육수를 만든다.

4 프라이팬에 식용유를 넉넉하게 두르고 센불에서
  앞뒤가 노릇노릇해질 때까지 두부를 굽는다.

5 두부가 다 구워지면 만들어둔 조림육수를 모두 부어
  센불에서 끓인다.

6 한소끔 끓으면 불을 줄여 졸인다.

 "식탁에서 끓이면서 먹을 때는 한소끔 끓은 후 찌개처럼
국물을 떠먹다가 점차 국물이 졸아들면 조림으로
즐길 수 있다. 당면, 우동사리 등 부재료를 추가해
먹을 수도 있다."

나만의 메모

두부튀김간장소스

두부는 '밭에서 나는 고기'라고 할 만큼 단백질이 풍부해
채식주의자나 다이어터들에게는 필수 식품이다.
두부는 조리법이 매우 다양해서
주식부터 반찬, 술 안주로 활용하기 좋다.

재료

두부 12모
식용유 1L
녹말가루 10컵
새싹채소·무순 약간

소스

물 10컵
국간장 10컵
미림 10컵
설탕 3컵
통깨 1컵

만드는 방법

1 두부를 8등분으로 깍둑썰기 한다.

2 두부가 으깨지지 않도록 앞뒤로 녹말가루를
   고루 묻힌다.

3 기름이 170~180도가 되면 두부를 하나씩 넣어
   색이 노릇노릇해질 때까지 튀긴다.

4 7분 정도 튀긴 후 다 튀겨진 두부는 뜰채로 건져
   쟁반에 넓게 펴 식힌다.

5 볼에 양념 재료를 모두 넣고 설탕이 녹을 때까지
   잘 섞어 소스를 만든다.

6 오목한 그릇에 튀긴 두부를 예쁘게 담고 소스를
   자박하게 붓는다.

7 튀긴 두부 위에 고명으로 베이비채소 또는
   새싹채소, 무순 등 준비된 채소를 올려
   포인트를 준다.

나만의 메모

두부튀김양념무침

바삭하고 고소하게 튀긴 두부를 매콤달콤한 양념에 무쳐낸 반찬이다.
너무 작게 자르면 만들 때 손이 많이 가고 부서지기 쉽기 때문에
큼지막하게 잘라 튀겨내는 것이 좋다.
접시에 놓을 때도 큼직해야 먹음직스럽다.

재료

두부 12모
식용유 1L
녹말가루 10컵
청고추 5개
홍고추 5개
적양배추 3장
대파뿌리 6컵

양념

고추장 1컵
물엿 1컵 1/2
고춧가루 1컵
국간장 1컵
참기름 2/3컵
통깨 1컵

만드는 방법

1 두부를 씻어 물기를 제거한 후 크게 깍둑썰기 한다.

2 녹말가루를 큰 볼에 담아 두부를 조금씩 넣어가며 녹말가루를 골고루 묻힌다. 한꺼번에 넣고 섞으면 두부가 으깨질 수 있으니 조심한다.

3 튀김팬에 기름을 넉넉히 붓고 기름 온도가 170℃~180℃가 되면 두부를 넣어 색이 노릇노릇해질 때까지 튀긴다.

> **Tip** 보통 튀김은 160℃ 정도에서 튀기는데 170℃~180℃까지 온도를 올리면 더 바삭해진다.

4 7분 정도 튀긴 후 뜰채로 건져 쟁반에 넓게 펴서 식힌다.

5 청고추, 홍고추, 대파는 송송 썰고, 적양배추는 잘게 다진다.

6 5에 양념 재료를 넣고 섞는다.

7 식혀둔 튀긴 두부에 만들어둔 6의 양념을 넣고 버무려 그릇에 담아낸다.

마른파래무침

파래는 바다풀 중에서 향이 가장 진하다.
갓 채취한 파래는 비린 맛이 나 식초를 넣어 주로 초무침으로 조리해 먹는다.
마른 파래는 보존성이 좋아 산간벽지에서는 보관해 두었다가 갖은 양념을 해 반찬으로 먹었다.
파래는 체내의 콜레스테롤 수치를 저하시키고, 철분이 많아 빈혈에 좋다.

재료

마른 파래 1㎏
청고추 5개
홍고추 5개

양념

올리브유 100g
물엿 300g
진간장 100g
깨소금 30g
참기름 약간

만드는 방법

1 커다란 볼에 마른 파래를 넣고 올리브 오일과 물엿, 진간장, 깨소금을 넣고 양념이 배도록 조물조물 주무른다.

2 양념이 고루 배이면 송송 썬 청고추, 홍고추를 넣고, 참기름을 넣어 한 번 더 섞어 마무리 한다.

> *Tip* 물을 한 방울도 넣지 않는 게 포인트다.
> 물이 들어가면 색깔이 변하게 된다.

나만의 메모

215

멸치무침

멸치는 볶음으로 먹는 것이 일반적이지만, 마른 팬에 살살 볶은 멸치에
양념을 넉넉하게 넣고 무치면 매콤달콤하면서 바삭한 맛이 좋다.

재료

국물 멸치 1㎏
쪽파 50g

양념

고추장 3컵
고춧가루 3컵
진간장 1컵
물엿 2컵
설탕 1컵
마늘 1컵
깨소금 1컵
참기름 1컵

만드는 방법

1 멸치는 배를 갈라 내장을 제거한다.

> *Tip* 멸치볶음과 달리 무침은 멸치의 식감을 맛볼 수 있기
> 때문에 크기가 큰 국물용 멸치를 사용한다.

2 쪽파는 5㎝ 정도 크기로 자른다.

3 약한 불에 팬을 올리고 멸치를 볶아서
  비린맛을 제거한다.

4 큰 볼에 분량의 양념 재료를 넣고 잘 섞어
  무침양념을 만든다.

5 멸치에 무침 양념을 넣고 골고루 버무려 무친다.

나만의 메모

멸치볶음

짭짤하면서 달달한 멸치볶음은 한식당에서 가장 많이 제공하는 반찬 중 하나다.
다양한 견과류를 넣고 볶으면 훨씬 더 고급스러운 반찬이 된다.
중국간장인 노두유를 조금 섞으면 색과 맛이 조금 더 업그레이드 된다.

재료

볶음용 잔멸치 500g

부재료

건포도 1컵
해바라기씨 1/2컵
아몬드 슬라이스 1/3컵
통참깨 1컵
들깨 1/3컵
검정들깨 1/3컵
실고추 약간

양념

간장 1/3큰술
노두유(중국간장) 1/3큰술
물엿 1/2컵
식용유 2큰술
들기름 1/2큰술
흑설탕 1큰술
마요네즈 1큰술
맛술 1/2큰술

만드는 방법

1 멸치는 체에 받쳐 잔가루를 털어낸다.

2 기름을 두르지 않은 팬을 올리고 약한 불에서
   살살 타지 않게 볶은 다음 쟁반에 펼쳐놓는다.

3 팬에 양념 재료를 모두 넣고 골고루 섞어
   중불에 바글바글 끓인다.

4 불을 약불로 줄이고 볶은 멸치와 건포도, 아몬드
   해바라기씨, 통참깨, 들깨, 검정들깨를 넣어
   주걱으로 뒤적여가며 고루 섞는다.

5 멸치 색깔이 갈색으로 잘 볶아지면
   실고추를 잘라서 넣고 잘 섞어 마무리한다.

 "노두유는 '늙을 노(老)'에 뽑을 추(抽)를 사용해
노추(老抽)라고 불리는 중국간장이다. 말 그대로 오래 묵힌
간장이다. 노두유는 당연히 중국요리에 주로 사용하는데,
볶음이나 조림을 할 때 맛깔스러운 갈색을 내고,
고소한 맛을 부각시키기 때문에 불고기나 찜닭 같은 요리에
사용하기도 한다. 짠맛이 상대적으로 적고 특유의 단맛과
쓴맛 때문에 소량만 넣고 보조양념으로 사용하는 것이 좋다."

뱅어포김자반

뱅어포는 칼슘의 함량이 높아 성장기 어린이와 성인에게 더없이 좋은 철분 보양식이다.
김에는 비타민과 요오드가 풍부하다. 뱅어포와 김을 활용한 뱅어포김자반은 반찬으로
내 놓으면 상차림의 품격을 높여 준다.

재료

뱅어포 30장
김 30장

양념

고추장 1컵
물 1컵
꿀 1컵
고춧가루 1컵
청고추, 홍고추 각 5개

만드는 방법

1 분량의 양념 재료를 섞어 양념장을 만든다.
2 프라이팬에 올리브유를 두르고 약불에서
  뱅어포를 앞뒤로 슬쩍 굽는다.
3 뱅어포의 한 면에만 양념을 발라 켜켜이 쌓아 둔다.
4 양념을 바른 뱅어포 위에 김을 올려서
  다시 한번 굽는다.
5 구운 뱅어포 위에 통깨를 솔솔 뿌리며 쌓아 놓는다.
  통깨가 사이사이에 들어가면 양념한 뱅어포가
  서로 붙지 않는다.
6 먹기 좋게 한 입 크기로 잘라낸다.

나만의 메모

버섯전

표고버섯은 콜레스테롤 형성을 막는 물질이 들어있어서 영양적으로 우수한 재료다.
표고버섯을 다져서 동그랑 땡처럼 부쳐내면 버섯의 은은한 향과 풍부한 영양을 섭취할 수 있다.
찹쌀가루와 빵가루를 섞어 반죽하면 버섯전의 식감이 더욱 바삭해진다.

재료

표고버섯 1kg
적양파 1컵
청양고추 1컵
쪽파 1컵
계란 5개
식용유
실고추

반죽

찹쌀가루 2컵
빵가루 2컵
물 1컵

만드는 방법

1 표고버섯은 다지고 청양고추, 적양파, 쪽파도
  잘게 다진다.

2 분량의 반죽 재료에 1을 섞어 반죽을 만든다.

> *Tip* 자투리 채소를 넉넉하게 넣을 때는
> 반죽의 농도를 조절해야 한다.

3 계란은 잘 섞어 계란물을 만들어 둔다.

4 2의 반죽을 동글납작하게 빚은 후
  계란물을 입힌다.

5 팬에 기름을 두르고 실고추 등 고명을 올리며
  앞뒤로 노릇하게 지진다.

나만의 메모

삭힌고추지무침

늦가을에 고추를 사서 삭혀두었다가 매콤하게 무쳐먹는 겨울 밑반찬이다.
요즘은 시판용 삭힌 고추지가 다양하게 나오기 때문에 계절에 상관없이 손님상에 낼 수 있다.
삭힌 고추지는 썰어서 양념해 전과 곁들이거나 칼국수 등 고명으로 활용해도 된다.

재료

삭힌 고추지 1㎏
양파 1개

양념

고춧가루 3컵
고추장 1컵
통깨 1컵
황물엿 1컵

만드는 방법

1 삭힌 고추지는 채반에 건져서 물기를 적당히
  제거한다. 삭힌 고추지는 시판용을 사용하면
  편리하다.

2 양파는 채썬다.

3 분량의 양념재료를 섞어 양념장을 만든다.

4 삭힌 고추지에 채썬 양파와 양념을 넣고
  골고루 무쳐낸다.

> *Tip* 한꺼번에 무치지 말고 양념을 넉넉하게 만들어
> 두었다가 먹기전에 무쳐내는 것이 좋다.

나만의 메모

여러가지채소샐러드

채소샐러드는 제철에 나는 다양한 채소를 적당하게 섞어 사용할 수 있고
손쉽게 소스를 만들 수 있어서 음식점에서 활용하기 편리하다.
채소가격이 저렴한 시기에 다양한 채소를 사용하면 건강한 느낌을 살릴 수 있어서
고깃집이나 한식당에서 여성 고객들에게 특히 호응이 높다.

재료

부추 200g
시금치 200g
곰취 200g
치커리 200g
상추 200g
다양한 어린잎 채소 200g

양념

국간장 5컵
매실청 5컵
깨소금 1/2컵
참기름 1/2컵

만드는 방법

1 채소를 다듬어 씻어 체에 받쳐 물기를 뺀다.
2 먹기좋은 크기로 썬다.
3 분량의 양념 재료를 섞어 소스를 만들어 둔다.
4 채소를 분량에 맞추어 먹을때마다 소스를 넣고
　버무려 낸다.

> *Tip* 소스는 양을 많이 만들어 두고 먹기 직전에
> 　　버무려 내면 채소의 싱싱함이 살아있어 좋다.

나만의 메모

육
전

소고기는 부위별로 식감과 맛이 다르다. 육전용 소고기는 기름기가 적고 구워먹어도 질기지 않고,
구이용보다 상대적으로 저렴한 홍두깨살을 주로 사용한다.
너무 얇지도 너무 두껍지도 않은 두께로 손질된 것을 주문하면 편리하다.

재료

소고기 홍두깨살 600g
맛소금 1큰술
후춧가루 1/2큰술
잣가루
식용유

부침가루

찹쌀가루 3큰술
튀김가루 3큰술
맛소금 1작은술
달걀 5개

만드는 방법

1 홍두깨살은 맛소금과 후춧가루로 밑간을 해둔다.

2 찹쌀가루와 튀김가루, 소금을 섞는다.

> *Tip* 찹쌀가루를 사용하면 고기가 부드러워져
> 육전을 부쳤을 때 씹는 식감이 더 좋다.

3 달걀을 풀어 달걀물을 만든다.

4 밑간한 홍두깨살에 2를 묻히고 달걀물을 입힌다.

5 팬에 식용유를 약간 두르고 앞뒤로 노릇하게 지진다.
육전은 너무 오래 익히면 고기가 질겨질 수 있으므로
살짝만 익힌다.

6 잣가루를 올려 낸다.

나만의 메모

진미채
고추장
볶음

진미채
간장
볶음

재료

진미채 1kg

양념

고춧가루 1컵
고추장 2컵
마요네즈 2컵
물엿 2컵
맛술 2컵
올리브유 2컵
간장 2큰술(또는 액젓 1큰술)

만드는 방법

1 진미채는 먹기 좋게 잘라 둔다.
2 팬에 양념 재료를 모두 넣고 바글바글 끓인다.
3 양념을 한김 식힌 후 진미채를 넣어 고루 섞는다.
4 통깨를 뿌려 완성한다.

"진미채볶음은 남녀노소 누구나 좋아한다.
두고 먹어도 부드럽게 만드는 것이 비법. 들밥에서 판매하는
반찬 중 가장 인기있는 찬이다. 진미채 볶음은 의외로
남성 고객들이 더 좋아한다."

재료

홍진미 500g
백진미 500g
꽈리고추 20개
홍고추, 청고추 각 10개

양념

진간장 2컵
물엿 2컵
맛술 2컵
액젓 3큰술
참기름 3큰술
깨소금

만드는 방법

1 홍진미, 백진미는 물에 살짝 헹군뒤
  물기를 제거한다.
2 꽈리고추, 홍고추, 청양고추는 씨를 빼고
  길게 채썬다.
3 분량의 양념 재료를 넣고 센불에서 팔팔 끓여
  양념장을 만든다.
4 끓인 양념장에 진미채와 2의 재료를 넣고
  버무린 후 5분 정도 뒤적거리며 조린다.

카레두부전

밀가루와 카레가루를 섞은 반죽에 두부를 부쳐내면
맛과 향은 물론 시각적으로도 특별한 느낌을 낼 수 있다.

재료

두부 1판(12모)
소금 약간
후추 약간
식용유
청고추, 홍고추(고명)

반죽용

밀가루 10컵
시판카레가루 3컵
소금 1큰술
물 10컵

만드는 방법

1 두부는 1㎝ 두께의 적당한 크기로 자른다.
2 두부에 소금과 후춧가루로 밑간을 한다.
3 분량의 반죽 재료를 섞어 카레 반죽을 만든다.
4 두부를 반죽에 넣어 골고루 묻힌다.
5 팬에 기름을 두르고 송송 썬 청고추, 홍고추를
  고명으로 올려 앞뒤로 노릇하게 지진다.

나만의 메모

황태껍질튀각

황태껍질은 콜라겐이 듬뿍 들어 있고 고단백 저지방식품이지만
활용도가 높지 않아 버리는 경우가 많았다.
황태껍질을 기름에 튀긴 후 뜨거울 때 설탕을 솔솔 뿌려
주전부리로 내놓으면 단짠의 조화가 뛰어나
간식이나 후식, 맥주안주로도 손색이 없다.

재료

황태껍질(5㎏)
식용유

부재료

설탕 3컵
소금 1큰술
깨소금 1/2컵

만드는 방법

1 식용유를 튀김 솥에 절반 정도 차도록 부어
기름의 온도를 올린다.

2 황태는 비닐에서 꺼내 훌훌 펼치며 가루를
털어낸다.

3 설탕, 소금, 깨소금을 한데 잘 섞어둔다.

4 튀김팬에 기름을 넉넉히 붓고 기름 온도가 180℃로
오르면 황태를 넣는다. 이때 요란한 소리가 나는데
곧 소리가 잠잠해 진다. 이때가 건질 타이밍이다.

4 튀긴 황태껍질은 꺼내자마자 3을 골고루 뿌려
묻힌다. 식용유가 어느 정도 묻어 있을 때 설탕을
뿌려야 잘 붙는다.

"가성비와 가심비를 중요시하는 고객들을 우리 업소에
오게하기 위해서는 차별화된 무언가가 필요하다. 식사 후
가볍게 즐길 수 있는 황태껍질튀각, 술빵 등 주전부리할
만한 메뉴 몇 종류를 준비해 두고 자유롭게 가져다
먹을 수 있도록 했더니 고객들의 만족도가 매우 높다.
고객들은 마지막 서비스에 굉장히 민감하다."

나만의 메모

황태포무침

황태포, 진미채 등은 보통 식당보다 가정에서 많이 내는 찬이다.
들밥의 황태포무침은 매장에서 판매하는 전체 반찬 종류 중 가장 많이 팔리는 품목이다.
기본 소스를 만들어 놓으면 그때그때 무쳐 낼 수 있기 때문에 관리나 효율성이 높다.

재료

황태 500g
식용유 1컵
통깨 1스푼
꿀 2컵

양념

고추장 2.4㎏
고춧가루 2컵
매실액 2컵

만드는 방법

1 황태는 미리 손질해 먹기 좋은 크기로 잘라 놓는다.

2 하루 전날 황태에 꿀을 넣고 골고루 섞어 숙성시켜 놓는다. 미리 숙성시키면 황태 겉면에 꿀이 막을 씌워 속까지 짠 맛이 침투하지 않는다.

3 프라이팬에 식용유 1컵을 붓고 꿀에 재워 숙성시킨 황태를 넣어 볶는다.

4 황태가 적당히 노르스름하고 포슬하게 볶아지면 커다란 볼에 옮겨 담고 고추장, 고춧가루, 매실액을 넣고 잘 섞어준다.

5 접시에 담아 낼 때는 통깨를 조금 뿌려서 낸다.

"황태포 무침은 집에서 만들어 먹어도 충분하지만 재료값이 만만치 않고 맛내기도 어렵다. 황태포는 의외로 남성 고객들이 좋아한다. 일부 단골고객들은 황태포 무침을 사기 위해 일부러 방문하기도 한다."

나만의 메모

찾아보기
INDEX

강민주의 들밥, 강민주 대표가 제안하는 음식점을 위한 반찬 레시피

강민주의 사계절 들밥 반찬

초판 1쇄 발행 2023년 6월 21일
초판 3쇄 발행 2025년 10월 1일

지 은 이 | 강민주
기　　획 | 육주희
진　　행 | 홍주연
사　　진 | 이종수 스튜디오
디 자 인 | 나무처럼
그릇협찬 | 신성도자기
펴 낸 곳 | 나무처럼 (namucheoreom@naver.com)

판 매 처 | 한국외식정보(주)
주　　소 | 서울특별시 송파구 중대로 174(가락동) 현대파크빌
전　　화 | 02-443-4363

등　　록 | 2006년 6월 2일
I S B N | 979-11983447-0-0
정　　가 | 28,000원